Endzeitzauber.

Endzeitzauber.

Mord in Sankt Gallen und andere Geschichten.

Théo Buff.

Cover: Pic-o-Pello-Platz. Am Ort des Geschehens, nahe beim Kloster und der Mühlenenschlucht. Bild des Sankt Galler Künstlers Max Oertli, 1980, Öl auf Leinwand. Privatbesitz Urs Benz.

Max Oertli (5. August 1921 – 8. Dezember 2007) lebte und arbeitete in Sankt Gallen, unter anderem in seinem Atelier am Pic-o-Pello-Platz. Er ist ein bedeutender Schweizer Maler und Bildhauer, sein Schaffen wurde mehrfach ausgezeichnet: Förder- und Anerkennungspreis der Stadt Sankt Gallen, Internationaler Kunstpreis des Landes Vorarlberg. Eines seiner bekanntesten Werke ist der Gauklerbrunnen im Stadtpark.
«Max *Oertli war einer der urigsten und originellsten Sankt Galler und ist es in der Erinnerung immer noch.» Roland Wäspe, Direktor Kunstmuseum Sankt Gallen, 2019.*

Covergestaltung: Die Gestalter AG, Sankt Gallen.

Unterstützt durch: Ortsbürgergemeinde Sankt Gallen.

3. Auflage: Oktober 2021.

Herstellung und Verlag: BoD - Books on Demand, Norderstedt.

ISBN 9783749485314

Inhalt

Kriminalistisches Auge?

Max Kraienbühl, Adjutant und Kommissar-Stellvertreter, auch Chraie genannt, legt grossen Wert auf die richtige Schreibweise seines Namens. An einer Stelle im Buch ist sein Name bewusst falsch geschrieben.

Finden Sie mit kriminalistischem Auge die entsprechende Stelle und gewinnen den 2. Band der Trilogie Mord in Sankt Gallen: Galgenvögel.

Senden Sie ein Mail mit der entsprechenden Seitenzahl bis zum 31. Dezember 2019 an theo.buff@bluewin.ch. Die ersten fünf EinsenderInnen erhalten die Galgenvögel geschenkt. Der Rechtsweg ist ausgeschlossen.

Für Rafael.

Sankt Gallen graut's. Und das zur Weihnachtszeit.

Weihnachtskrimi und Roman. Mit Mordscharakter und Geschichten. Aus Sankt Gallen. Personen und Handlungen dieser Geschichte(n) sind frei erfunden. Ähnlichkeiten mit noch lebenden oder verstorbenen Personen wären zufällig und nicht beabsichtigt.

Grossen Dank allen, die mitgeholfen haben, dieses Buch zu veröffentlichen, allen verständnisvollen Gegenleserinnen und Gegenspinnern, Mitfieberern und Mitträumerinnen, Endzeitzauberinnen und Endloskrämern.

Dank einiger Sankt Gallensis- und Dialekt-Anmerkungen auch für Nicht-Sankt Gallerinnen und Sankt Galler durchaus verständlich und nachvollziehbar. Auch die Übersicht über die zahlreichen Akteure ist dank des Personenregisters am Schluss jederzeit gewährleistet.

Sankt Gallen.

Die Unscheinbare. Brave. Unaufgeregte.

Prolog: Wahre Liebe.

Häfeli und seine Freunde, waschechte Sankt Galler, leben hier, wohnen hier, in der Stadt im Grünen Ring, wie Sankt Gallen genannt wird – oder vermehrt auch im «Speckgürtel», der Region. Überregionale und ausländische Wurzeln sind häufig – Sankt Gallen ist eine Multi–Kulti–Stadt. Unspektakulär und friedlich. Meist. Wenn nicht die Morde in der Mühlenenschlucht wären. Die Polizei tappt im Dunkeln.

Sankt Gallen kommt nicht vom Fleck. Da hilft auch Morden nichts, nicht einmal in Gedanken. Viele krämern in irgendeiner Schatulle nach Gründen für ihre Misere. Und finden sie nicht bei sich selbst. Schauen gebannt auf die Schlange, die sich längst verkrochen hat. Kleinkrämer?

Sankt Gallen und seine Geschichte – Geschichten, sybillinische und politische Vieldeutigkeiten und Verflechtungen, Schicksale und Örtlichkeiten, Imagination und Realität verheddern sich; Mann, Frau glaubt, sich da und dort wiederzuerkennen, doch dann kommt es wieder anders als vermutet.

Irrtum: Es ist nicht so, wie wir es sehen.

Oder doch?

Ein Sankt Galler Weihnachtskrimi, mit vielen Zwischentönen und -geschichten, in der Altstadt, im Klosterbezirk und in der schaurig schönen, wilden Mühlenenschlucht. Und natürlich im Amtshaus, dem Hauptquartier der Stadtpolizei, mitten in der Altstadt.

Wenn Sie kurzeitig die Übersicht verlieren, verzweifeln Sie nicht. Wenn Sie Sankt Gallen noch nicht kennen, wird es höchste Zeit, diese Stadt zu besuchen, die Mühlenenschlucht, den Klosterbezirk mit der barocken Kathedrale, ihre Beizen, lauschigen Plätze und die Erker – und natürlich die Tatorte. Sich in Sankt Gallen zu verlieben.

Ach ja, die Mühlenenschlucht – Schlucht der Mühlen – wird offiziell ohne «h» geschrieben, der Mühleggweiher ebenfalls. Eine h-Phobie in Sankt Gallen? Ein Spleen der Semantiker, den niemand so richtig versteht. Wissenschaftler? Buchstabenkrämer.

Ein Running Gag, wie die letzte Rechtschreibereform. Die Letzte? Item.

Sankt Gallen wirkt gelegentlich etwas kühl, unnahbar – hier heisst es ursanktgallerisch: «brötig[1]». Langweilig? Keinesfalls. Unerfreulich? Eher nicht. Etwas rustikal manchmal, durchaus.

Sankt Gallen als Parodie? Die Mühe, sich heranzutasten, lohnt sich.

Meistens.

Doch wo sind die Mörder und Bremser, Verhinderer und Propheten in eigener Sache? Der Nebel, anfänglich noch zäh, lüftet sich nach und nach. Von Kapitel zu Kapitel. Das ist so, in Sankt Gallen.

Sankt Gallen – Endbahnhof im Fernverkehr, Gare Terminus du Train für die Ostschweiz – wird doch noch zum Metropolitanraum? Irgendwann, spätestens 2050, und zu einem SBB-Vollknoten. Vorbei mit «Sankt Gallen als Endstation», endlich wieder weg von Peripheriedenken und Bedeutungslosigkeit.

Jammern bringt nix!

Und wenn sich Sankt Gallen (endlich) anderweitig ausrichten, orientieren würde, nach Süddeutschland und Vorarlberg? Der Bodensee im Zentrum. KonstanzLindauBregenzFeldkirchMontafon.

Säntis trifft Arlberg.

Zürich war vorgestern.

What the fuck is Bern?

Glossen jagen sich – und erlösen, mit Lachen. Ja! Nein, es ist nicht alles wahr, so kann es nicht (gewesen) sein. Schmunzeln und Entdecken, die Hoffnung niemals2mal aufgegeben: Sankt Gallen kann mehr, Sankt Gallen will mehr und vor allem: Sankt

---

[1] *Dialekt: spröd.*

Gallen hat mehr zu bieten als schaurig schöne, gruselige Geschichten und Tat-Orte. In der Mühlenenschlucht – einem der Sankt Galler Kraftorte. Mit oder ohne «h».

Zum Beispiel.

Das ist wa*h*re Liebe.

Verschwunden.

1952.

Anfangs Februar. Schnee lag über der Stadt wie schon lange nicht mehr, die Türme der Kathedrale wie in Watte gepackt und es schneite weiter: Stetig, wild und dick. Kaum mehr Fussspuren waren im Schnee ersichtlich, in der Mühlenenschlucht, steil aufwärts, schon gar nicht. Wer verliess bei diesem Wetter die warme Stube? Wenn es so weiter schneite, war bald kein Durchkommen mehr möglich, für niemanden. Auch nicht für die städtischen Schneeräumequipen, die sich doch allerhand gewohnt waren.

Anna Lebruellement hatte ihren Freund, Wirtschaftsstudent an der Handelshochschule[2] (HSG) in St.Georgen besucht – fast 800 Meter über Meer – der mit einer mittelschweren Grippe im Bett lag. Um sicher nach Hause zu kommen, hatte er Anna gebeten, ein Taxi zu nehmen; sie hatte ihn ausgelacht: «Die Schneeflocken tun mir nichts, und die Steinach auch nicht.»

«In der Mühlenenschlucht treiben sich in letzter Zeit komische Gestalten herum, die Passanten in den Bach stossen, pass auf. Ich bitte dich.»

Sie verabschiedeten sich aufgrund der Grippe kusslos. Obwohl: So ansteckend war die Krankheit nun auch nicht mehr. Die beiden hatten sich gern, daran bestand kein Zweifel. Anna war nicht ängstlich, im Notfall wusste sie sich zu wehren. Trotz ihrer schlanken Figur war sie kräftig. Mehr noch: Stark. In jeder Hinsicht. Auch in Beziehungen.

Furchtlos bog sie in den Schluchtweg ein, in zehn Minuten etwa würde sie in ihrem Bett in ihrer kleinen Wohnung an der Wallstrasse liegen, keine drei Minuten von der Kathedrale entfernt, nahe bei ihrem Arbeitsplatz, der Bischöflichen Kanzlei. Sie war müde und freute sich auf das warme Bett. Für die nächsten drei Tage hatte sie freigenommen, ohne einen Grund anzugeben.

Anna Lebruellement kam nie in ihrer Wohnung an.

---

[2] *Heute Universität Sankt Gallen. Ohne Kommentar.*

Während der Nacht hatte es weiter geschneit, ihre Spuren waren verwischt, nichts war von ihr übrig geblieben, bis auf die blaue Handtasche, die einige Tage später in der Felswanne unter der Felsenbrücke gefunden wurde, allerdings ohne Papiere. Die Mutter bestätigte, dass dies die Handtasche ihrer Tochter sei. Die Polizei stellte fest, dass ihr Bett unbenutzt geblieben war. Ob sie die Wohnung nochmals betreten hatte blieb offen – wohl eher nicht. Die Polizei war ratlos, ihre Familie ebenfalls, verzweifelt, vor allem ihr Freund.

Eltern und Freund wurden befragt. Letzterer gab an, Anna habe keine gute Beziehung zu ihrem Vater gehabt und sei daher auch relativ früh, mit 18 Jahren, zu Hause ausgezogen, sobald sie die Lehre als kaufmännische Angestellte im Sankt Galler Zeughaus abgeschlossen hatte. Genaueres wusste er nicht, Anna sei bei diesem Thema immer sehr schweigsam geworden. Das Verhältnis zu ihrer Mutter, ursprünglich Argentinierin, sei liebevoll gewesen. Erkundigungen wurden auch in der Bischöflichen Kanzlei eingeholt. Auch dort hatte man keine Erklärungen.

Anna wurde international gesucht – erfolglos. Annas Spuren verflüchtigten sich, sie tauchte nie mehr auf, auch ihre Leiche nicht. Vom Schnee endgültig verschluckt? War sie in jener Nacht in die dunkle Steinach gestürzt und lag irgendwo begraben im Bodensee, tief unten – Unfall oder Mord? Wollte sie verschwinden, wohin und weshalb? Hatte sie den Schluchtweg überhaupt benutzt oder noch jemanden getroffen?

Kurze Zeit schöpften Freunde und Verwandte Hoffnung, als das Gerücht auftauchte, Anna sei zu ihrer Grossmutter, die sie sehr mochte, nach Buenos Aires abgehauen – obwohl sie dort nie eintraf. Der baskische Kapitän des Stückgutfrachters Eduardo Largo, der am 12. Februar 1952 von Cádiz nach Buenos Aires ausgelaufen war, glaubte sich an eine junge Frau zu erinnern, die Anna sehr ähnlichgesehen habe.

Von der argentinischen Polizei in Buenos Aires damit konfrontiert, wollte er es dann aber nicht mehr so genau gesehen haben. Er habe die junge Frau zwar noch einigermassen vor Augen …, viele Passagiere waren ja nicht auf dem alten Kahn gewesen, aber sie habe spanische Papiere gehabt, und war zudem nicht alleine gereist. Er habe in seinem Schiff auf hoher See immer wieder Schwarzfahrer, Refugiados, entdeckt, die vor General Francos[3] Schergen aus dem verarmten Spanien nach Juan Perons Argentinien, in die ehemalige Kolonie, flüchten wollten. Daher werde sein Schiff vor dem Auslaufen jeweils von der spanischen Polizei akribisch kontrolliert, die aber keine Unregelmässigkeiten festgestellt habe. Diesmal nicht.

Letztes Mal hatten sie ihm mit Gefängnis gedroht. Das wollte er unbedingt vermeiden, dann halt doch noch lieber auf sein geliebtes Meer verzichten und sich ins Baskenland zurückziehen. Sein Land. Seine Steilküste zum Atlantik. Seine Heimat! General Franco und seine Militärs waren dort etwas weniger präsent. Immerhin. Weniger ist mehr als nichts! Eigentlich gab es keine Lösungen, Perspektiven, Alternativen, ausser der Eduardo Largo. Sein Schiff! Sein Spanien – vor allem sein Baskenland. Freiheit.

Die Militärdiktatur, welche die Zweite Republik 1936 mit viel Blut gebodigt und das Baskenland mit harten Bandagen angepackt hatte, wann würde sie zu Ende sein, endlich? Auch Schweizer wollten mithelfen, diese «sozialistische Republik» zu retten und kämpften für die Republikaner, nahmen Gefängnisstrafen in der Schweiz in Kauf. Und wurden verurteilt. Gesetz ist Gesetz! Auch wenn sich sonst niemand darum kümmert.

Generalissimo Francisco Franco, «El Caudillo», funktionierte weiter. Prächtig. Bis 1975. Mit internationalem Segen.

Die Polizei in Sankt Gallen legte den Fall Anna Lebruellement bald zu den Akten, die Spuren hatten sich verloren, na ja, und so wichtig war die Sache nun auch wieder nicht. Ärgerlich zwar, ohne Resultat zu klassieren. Aber was konnte man da schon tun?

Sich langweilen.

---

[3] 1936 bis 1975, durch Putsch gegen die Regierung der demokratisch gewählten 2. Republik nach Ende des Spanischen Bürgerkrieges an die Macht gekommen.

Irgendwann wurde Anna Lebruellement von ihrem Vater für tot erklärt. Ein Begräbnis konnte nie, eine Gedenkfeier sollte nie stattfinden.

Annas Mutter liess sich von ihrem Mann scheiden und kehrte nach Argentinien zurück.
Basta.

War's das?

Hexen im Tiefflug.

2017.

Ende Oktober. Es war ein düsteres Haus, das da so nahe am Bach stand und sich an den Abhang schmiegte. In St.Georgen – «Dörfli» genannt – einem der «besseren» Stadtteile Sankt Gallens, nahe des Erholungsparadieses Drei Weihern – oder Dreilinden, beim Freudenberg[4].

St.Georgen-Strasse 47. Vorne brauste die Steinach vorbei, gurgelnd, Gischt spritzend, laut, manchmal gefährlich, und die schweren Dieselbusse, eingezwängt zwischen Straße und Häuserfassaden. Das graue Haus lehnte sich an die Felsen, mit dem Rücken zur Wand, als ob es dort Schutz suchte. Steil und eng, feucht und modrig, einsam und traurig. Ein tristes Loch und dunkel. Das Haus strahlte keine Freude aus. Das Haus mit den leeren Fenstern, augenlos – oder bildete man sich das nur ein? schien noch bewohnt zu sein. Obwohl. Auf der Gartenseite am Bach lag Gerümpel herum, alte Gartenstühle, eine rostige Kinderschaukel, seit Jahren unbenutzt. Abfall. Kein schöner Ort. Ein vergammeltes Haus, alt und grau und schimmlig. Ein Ort übler Gedanken? Wer da wohl lebte, oder war es eher ein Vegetieren? Schlecht war die Lage an sich nicht.

Sankt Gallen hat bekanntlich keinen See und keine Aare, sie hat zwar einige lauschige Weiher, aber dennoch nur die Steinach und die Sitter, dort unten im Tobel, wo das OpenAir einmal pro Jahr Tausende hinlockt. Die Steinach fliesst unauffällig und meist unterirdisch durch die Stadt, leider grossflächig eingedolt, «versohlt». Unscheinbar, bei Hochwasser aber nicht ungefährlich, vor allem in der Mühlenenschlucht – direkt über dem Klosterbezirk, wo sie sich laut brausend herunterstürzt und in kalten Wintern prachtvolle Eiszapfen kreiert. Jedes Mal andere, mal grösser, mal wilder, mal länger. Eiszapfen im Eiszeitland.

---

[4] Dreilinden oder Dreiweihern, am Fusse des Freudenbergs (früher Studengüggi genannt), ist eines der vielen städtischen Naherholungsgebiete mit faszinierenden Freibädern, zu denen an warmen Tagen hunderte Badelustige pilgern, mit Sack und Pack und Badehose, am Abend mit vollen Flaschen und lautstarken Ghettoblastern.

Die Steinach hat ihre Quelle an der Grenze zwischen den beiden Kantonen Sankt Gallen und Appenzell Ausserrhoden, oberhalb des Wenigerweihers[5]. Ein Produkt echter appenzellisch-sankt gallischer Freundschaft? Das war nicht immer so. Bereits 1403 bekamen die Sankt Galler – die äbtischen Krieger – von den Appenzellern auf Vögelinsegg nahe der späteren Kantonsgrenze kräftig eins auf den Deckel, und verloren die Schlacht. Ein Befreiungsschlag der Bauern gegen die Städter. Ein Befreiungskrieg.

Gemäss Sage war Gallus, ein Wandermönch aus Irland oder dem Elsass, so genau weiss man das nun auch wieder nicht, von Arbon am Bodensee der Steinach entlang hochgewandert, bis er in einem waldigen Hochtal an einem Wasserfall «strandete», blockiert durch den Wasserfall und überdies noch von einem Bären behelligt, verfolgt. Ein Flüchtling?

Hier errichtete Gallus im Jahre 612 eine Klause, von hier aus entwickelte sich später die Stadt Sankt Gallen. Heute steht hier die Talstation der Mühleggbahn, an der eine gediegene Tafel an den Stadtgründer erinnert – die Bahn führt nach St.Georgen, weitgehend in einem knapp 300 Meter langen Tunnel «versorget» – die weltberühmte Kathedrale mit Stiftsbibliothek und ehemalige Klosterschule «Flade» ist nur ein Steinwurf entfernt.

Idealisten versuchten immer wieder, in der Schlucht und anderswo Bären – das städtische Wappentier – anzusiedeln, den Tieren Asyl bieten; sie sollten hier Friede und Heimat finden und der Stadt Glück und Touristen bringen. Geld. In der Schlucht sei es zu ungemütlich, garstig und feucht, kaum Sonne, ungesund für die Bären, die bald an Rheumatismus erkranken würden. Oder durch die Besucherströme entstünde zu viel Unruhe, durch die

---

[5] *Der 1821 – 1823 vom Industriellen Michael Weniger erbaute Weiher diente unter anderem zur Sicherung der Wasserkraft für eine Eisengiesserei und eine Spinnerei im Philosophental in St.Georgen. Philosophental – Tal der Philosophen? Heute ist der Wenigerweiher – nebst dem Gübsensee und jener auf Drei Linden – der schönste noch existierende der einst über 90 Weiher auf Stadtgebiet, last but not least mit einem lauschigen Lusthäuschen versehen. Mit etwas Fantasie liesse sich hier einiges «veranstalten»: Eine Autorenlesung im fast intimen Kreis zum Beispiel. Eine kleine, gepflegte Orgie. Ein opulentes Hors d'oeuvre mit anschliessendem gediegenen Mord. Zum Dessert. Oder so. Oder auch nicht.*

Bären unerfreuliche Gerüche. So. Jedenfalls scheiterten alle Bemühungen, Sankt Gallen den Bären schmackhaft zu machen, nicht nur in der Mühlenenschlucht, auch im Wildpark Peter und Paul und anderswo. Der Stadtrat zauderte, wie so häufig, wollte dann doch nicht, fürchtete den Mehrverkehr, vor allem bei den Autos, die Ausdünstungen der Bären – und nicht zuletzt die Kosten, und verzichtete so auf ein lebendiges Markenzeichen. Ein Label für Gemütlichkeit und Grosszügigkeit.

Leben in Sankt Gallen.

Oder nicht?

Krämerdenken.

Mit entsprechenden Folgen, bis heute.

Stagnieren. Serbeln. Schrumpfen.

Schrumpeln.

Wie ein alter Apfel.

Die Hochblüte der sankt gallischen Stickereiindustrie mit städtebaulicher Generosität, Weitsicht, mit Selbstvertrauen und einem Bevölkerungswachstum sondergleichen, nahm spätestens nach dem ersten Weltkrieg ein jähes Ende. Ganz konnte sich die Stadt davon nicht wirklich erholen.

Das Fehlen eines Sees oder eines Flusses und die damit möglicherweise verbundene angeknackste Weitsicht und Offenheit führt in Hochtälern offenbar anhaltend und nachhaltig zu Krämergeist, Mutlosigkeit, Verbissenheit, zu Traurigkeit und Selbstmitleid.

Im Hochtal der Steinach. Wo die Temperaturen kühler sind als in den meisten anderen Städten der Schweiz. Und wo man den Regenschirm nicht fahrlässig und ungestraft zu Hause lässt.

In Sankt Gallen kann es schön eisig werden, im noch höher gelegenen St.Georgen sowieso, wo sich die Hänge bis über 900 Meter hinaufziehen. Hängemann und -frau, wer sich nicht schön warm anzieht. Bei diesen Bedingungen.

Im Osten Sankt Gallens, im Galgentobel, entflieht die Steinach ihrem Korsett und fliesst ausserhalb der Stadtgrenzen meist idyllisch frei dem Bodensee entgegen, wo sie ihn – wie originell – in der Ortschaft Steinach auch erreicht. Im 19. und bis ins 20. Jahrhundert trieb sie mit ihrem Wasser vielerorts in Gewerbebetrieben Maschinen, später Turbinen an: Mühlen, Sägereien, Knochenstampfe und Teigwarenfabrik, Bleichereien und Appreturen usw. Die Städter beanspruchten die Steinach für sich, lange Zeit war sie ihr Abfalleimer.

Üble Sache.

Freitagabend.

Kommissar Häfeli, Bert Häfeli, stand in der *B-Post* in St.Georgen an der Bar, ein Bier in der Hand. Ein Spuntilokal? für Grüne und Linke. Und andere. Man konnte sie auch mieten. Die *B-Post*. Wie der Name sagt, war in diesem Gebäude vor Jahren die St.Geörgler Post untergebracht. Heute ist sie aus dem Quartier verschwunden. Wie von Geisterhand.

«Schauen Sie mal, was dort oben eigentlich vor sich geht, Häfeli, ich habe da so meine Informationen, und Bedenken, erwarte Ihren Bericht nächste Woche», wünschte Polizeivorstand Edmund Freiluft-Dieterle, sein Chef, ziemlich imperativ. Ein gspässiger[6] Name. Wie man so Stadtrat werden konnte? Ein Exekutivamt. Früher heiss begehrt, heute ziemlich schwierig zu besetzen – verschachern, am ehesten noch an Parteilose, nachdem mindestens die bürgerlichen Parteien eine Schlappe nach der anderen einfuhren. Wie es schien, wendeten sich Sankt Gallerinnen und Sankt Galler zunehmend – virtuell und buchstäblich – von der städtischen Classe politique ab, flüchteten ins Internet, nach Konstanz oder in die Agglomerationsgemeinden.

Den Abend veblöterle[7] – musste das sein, schon wieder? Als ob er nichts Besseres zu tun hätte. Über Häfelis Stirn legten sich Falten. Vor einigen Tagen hatte er noch in der Halle 5 mit seinen Kollegen das Ende der diesjährigen OLMA[8] begossen. Gegessen und getrunken. Nicht zu knapp. Wie jedes Jahr. Und wie jedes Jahr war es wieder streng gewesen und spät geworden. Obwohl er diese vollen Hallen mit den vielen Vollen nicht eigentlich

---

[6] *Dialekt: seltsam, komisch.*

[7] *Dialekt: sinnlos verstreichen lassen.*

[8] *Schweizer Messe für Landwirtschaft und Ernährung, 1943 gegründet.*

mochte. Immerhin, Kraienbühl, sein engster Mitarbeiter, war auch mit von der Partie gewesen.

Vorgestern war Allerheiligen, ein Hochfest der Katholischen Kirche, arbeitsfrei, nach einer Abstimmung, bei der sich, oho, der 1. Mai und der 1. November, eben Allerheiligen, gegenüberstanden. Die Heiligen hatten gewonnen, noch einmal. Wie jedes Jahr ging Häfeli mit seiner Frau auf den Friedhof, aber erst dann, wenn der lokale und einzige noch übrig gebliebene Männerchor mit Singen aufgehört hatte. Gott sei Dank. Die Nacht hereinbrach und alle Pathetik verscheuchte. Wolkenfetzen und Nebelwolken am Himmel. Wenn er sich mit den Toten alleine fühlen konnte, in Ruhe, und Demut.

Sie besuchten die Gräber von Sabrinas Eltern und seines Vaters, die Mutter war schon längst wieder «fort» – das Grab nach zwanzig Jahren aufgehoben worden. Auch so ein spezieller Moment. Sich zu erinnern. An beide. An Freunde, die ebenfalls auf diesem Grabfeld ihre Ruhe gefunden hatten. Kerzen anzünden, ihr fröhliches Licht im Herzen. Und in den Augen. Den Nebel störte das nicht. Im Gegenteil.

Zurück zum Dörfli St.Georgen. Häfeli hatte häufig dort zu tun, geschäftlich und privat. Eine Freundin wohnte hier, und eine Tante, die er allerdings nicht allzu häufig besuchte. Die Tante. Immer am ersten August. Um die Schweizer Fahne zu hissen. Darauf legte die Tante grössten Wert.

Heute sollte er wieder mal «checken», was für Leute in dieser *B-Post* verkehrten, nur so nebenbei und unauffällig. Aber doch gründlich. Gerüchte hatten Freiluft-Dieterle auf den Plan gerufen mit der Idee, Kommissar Häfeli loszuschicken, um nach dem Rechten zu sehen. Wunderbar!

Und dann rasch nach Hause. Nach Hause? Seit Roberto, sein Sohn, in der Lehre war und meist spät und müde nach Hause kam, war es nicht mehr dasselbe. Blieb noch Patrizia, zwei Jahre jünger als Roberto. Zugegeben, er hätte nun mehr Zeit für Sabrina gehabt, seine Frau. Oder für eine Freundin.

Unauffällig war er nicht gewesen, an diesem kleinen Blues Konzert. Ein Trio – mit ihm wäre es ein Quartett gewesen. Allerdings: Häfeli passte nicht recht ins Publikum. Kiffer und Schwätzer, letztere lärmten in der Pause wild drauf los, schnorrten, was das Zeugs hielt, quantitativ betrachtet; qualitativ na ja, doof und unnütz, hohl und wichtigtuerisch, über finanzielle Erfolge, geschäftlich in Zürich, mega geil, in der Bank, im Beauty-Shop, im Rathaus. Im Fitness-Studio und beim Wellnessen. Und in der Sauna. Bei Frauen.

Gibt es überhaupt «echte» Erfolge. Und wo? Und für wen eigentlich? Alles Theater! Häfeli ging nicht ungern ins Theater Sankt Gallen, obwohl, wenn er ehrlich war, vor allem seiner Frau zu liebe. Sabrina. Ein Abonnement. So war das Ganze wenigstens günstiger. Und er schlief nicht schon vor der Tagesschau ein, meistens jedoch im zweiten Akt. Wichtig war, nicht zu schnarchen. Wie stark er geschnarcht hatte, konnte er der Stimmungslage seiner Frau in der Pause entnehmen:

«Bertold, Du warst wieder total peinlich!

Unmöglich!»

Wenn Sabrina besonders hässig war, nannte sie ihren Mann beim vollen Namen. Bertold. Bert wurde dann immer etwas kleiner, dafür war der Name etwas grösser.

Nach den Bluesern trat die Sankt Galler Poetry-Slam-Künstlerin Sam Fox, mit bürgerlichem Namen Johanna Fuchs, auf. «So, nun reicht's aber!» Häfeli bestellte ein letztes Bier. Schützengarten. Die älteste Brauerei der Schweiz! Von Locher in Appenzell, der sich mit seinen Alpaufzügen und Kuhherden originell im ganzen Land vermarktete, quantitativ längst überholt. Quöllfrisch! Schade für Sankt Gallen, dachte Häfeli. Vielleicht müssten wir noch mehr Sankt Galler Bier trinken? Oder endlich die Marketing-Strategien ändern.

Haben wir denn eine Strategie, fragte sich der Kommissar. Zum Beispiel für die Jugend. Musik und Kultur. Und die Arbeitsplätze? Viele junge Talente wandern nach Westen ab, nach Zürich, statistisch erhärtet. Weshalb wohl? Häfeli hatte durchaus eigene Ideen und Erklärungen. Verschiedene.

Weshalb fanden in der Ostschweizer Metropole zum Beispiel kaum mehr Konzerte von halbwegs bedeutenden Musikgruppen statt, die allesamt nach Herisau, Gossau, Frauenfeld und Dornbirn auswichen? Wenn überhaupt. Zürich ist die heimliche Hauptstadt, die Stadt des Geschäftes und der Geschäfte. Mit viel Kultur und was sonst noch dazu kommt.

Herisau hat sein Casino, Frauenfeld das Eisenwerk, und Sankt Gallen? Die OLMA-Hallen. Theater Sankt Gallen. Das OpenAir. Die Grabenhalle[9] und das Palace – etwas klein, aber durchaus knackig. Bands und Musiker machen mangels geeigneter Konzerthallen aber meist einen Riesenbogen um Sankt Gallen: Züri Wests *I schänke dir mis Herz*, Patent Ochsners *W.Nuss vo Bümpliz* (Nuss oder Venus, und wer ist nun eigentlich und endlich diese Venus – oder doch nur eine Nuss?), Service PuBLIGGs *MundART*, der *Absinth* der Kummerbuben, auch ihr *Schattenhang*. Nicht zu verachten. Und alle anderen.

Schade.

Sankt Gallen ein Schattenhang? Am Freudenberg.

Krämer, Zauderer, Pharisäer im Schatten.

Von wem eigentlich?

«Blödsinn! Wünsche frohes Balzen.»

Der Kommissar verliess das Lokal zurrte seine Windjacke fester, es war eine stürmische, kühle Nacht, den ganzen Tag hatte es geregnet. Stark! Sankt Gallerinnen und Sankt Galler kannten das, Auswärtige weniger, und gingen dann rasch nach Hause. Oder irgendwohin. Direkt nach Zürich. Oder ins Ausland?

Kraftvoll schritt er auf dem Heimweg am grauen Haus mit den leblosen Fenstern vorbei, ohne es zu beachten, und bog in den Schluchtweg ein, es hatte zu schneien begonnen. «Achtung reduzierter Winterdienst, Betreten auf eigene Gefahr», warnte ein Schild. Der schmale, abschüssige Weg, etwas unheimlich, auch tagsüber, aber spannend und unbelebt, in der Nacht noch ruhiger, düster und unübersichtlich, mit Gebüsch umsäumt. Die Musik der Steinach – fein oder virtuos. Angeblich ein Kraftort, diese Schlucht, wo sich Zauberer und Feen trafen. Scharlatane und Schwätzer mit ihrer Anhängerschaft, auf dem Weg zum Zaubern auf den Freudenberg?

---

[9] *Die Grabenhalle war früher eine Turnhalle, das Palace ein Kino.*

Chabis, schon wieder. So viel Chabis!

Tatsächlich wird die wilde Schlucht von vielen, auch seltenen Vögeln und anderen Tieren besucht, bewohnt, beglückt – sie strahlt Urtümlichkeit und Bodenständigkeit aus. Natur pur, in urbanem Raum! Natur trifft Stadt, nicht nur im Tobel von Steinach, und Sitter, Wattbach und Goldach. Füchse und Hasen. Eichhörnchen und Igel. Dachse und Steinböcke. Marder und Fische? Eisvögel und andere Vögel. Eindrücklich. Das musste auch Häfeli zugeben. Wozu brauchte es da Aare oder Rhein? Etwas mehr Selbstbewusstsein genügte. Vielleicht.

Sankt Gallen ist schön!

Der Bischof und seine Administration waren nicht weit entfernt. Weiss Gott, der kannte sie alle, bestens, mit ihrem Unesco-Weltkulturdenkmalgesäusel – und ihren kleinen Lastern. In den unbequemen Beichtstühlen. Gab es überhaupt noch etwas zu beichten? Und was denn. Und vor wem? Heute war doch alles verfügbar. Beliebig. Und jederzeit. Lasst uns fröhlich zugreifen, wo auch immer. In die Kassen der anderen. Gott ist ferne. Und der Bischof schläft in seinem Weinkeller, während der Papst in der Gegend herumtourt. Und seine Gläubigen sucht.

Hat sich Gott schon verabschiedet?

Mystische Orte.

Häfeli schritt zügig talwärts, kam in den unheimlichen Engpass zwischen den letzten Häusern am Bach, passierte die scharfe Linkskurve zum Gewölbe hin, sah bereits den Altar, wo meist unzählige Kerzen brannten, auch kleine Bilder standen herum, auf dem Boden, schmiegten sich an die Felsen. Was das Ganze sollte, war nicht wirklich klar. War hier jemand gestorben? Das hätte er wissen müssen.

Heute waren alle Kerzen erloschen.

Eine dunkle Nacht, kalt und windig. Und gespenstisch.

Unter sich die Felsenbrücke, ein natürlicher, schmaler Pfad über die Steinach, gefährlich überwachsen glitschig. Häfeli sah eine junge Frau entgegenkommen. Sie kreuzten sich: Apartes Gesicht, blonde Haare lugten unter der Kapuze hervor. Frech. Und hübsch.

«Momoll, die hat aber Mut!» Um diese Zeit waren hier kaum noch Menschen unterwegs. Die junge Frau quittierte seinen Gruss. Eine angenehme Stimme. Seine Tochter hätte Häfeli zu dieser Unzeit nie alleine in die Schlucht gelassen. Nie! Anna Lebruellement kam ihm in den Sinn, 65 Jahre war das nun etwa her. Er hatte ihre Akte gelesen. Zufällig in die Hände bekommen. Aus Neugier. Und wenn es Patrizia dennoch tun würde?

Wäre er machtlos.

Noch weiter talwärts in der Schlucht blickte er flüchtig auf die Eisentüre des Hermannstollens – sie war geschlossen. Gut so. Auch so ein spezieller Ort, ein unterirdischer Gang im Bernegghang, wie ein Gefängnis – schaurig, dort eingeschlossen zu sein, zu werden. Ein Unort?

Vor dem zweiten Weltkrieg von der Armee gebaut und dann als Kommandoposten und Schutzraum genutzt, mit zwei Ausgängen und diversen Kammern, weit verzweigt. Ein beängstigend dunkles Loch. Der «Hermann» stand lange Zeit leer, bis ihm ein paar Kulturfreaks kurze Zeit Leben einhauchen konnten: Ein Partyraum. Dem wurde schliesslich aus Sicherheitsgründen ein Ende gesetzt, die Feuerwehr übernahm und übte dort oft mit ihren Mannen – Rauchpetarden statt Drinks. Heute modert er ohne ersichtlichen Zweck vor sich hin und ist immer wieder Objekt diverser Begierden – zum Beispiel für den immer beliebteren Foxtrail. Ein Leichendepot?

Ein passables Versteck, für dies oder jenes. Der «Hermann». Wieder so ein seltsamer Name – woher dieser nun wieder herkam? Der gehe auf ein Gebäck zurück und habe mit Brot backen zu tun, erklärte ihm ein Kollege der Bauverwaltung. Offenbar gab es irgendwann ein Glücksbrot aus Sauerteig namens Hermannkuchen; der Stollen im Menzlenhang sehe im Querschnitt wie ein Brot aus: Also Hermannstollen!

Häfeli wunderte sich, dass die Türen auf beiden Seiten des Stollens relativ schlecht gesichert waren. Vielleicht sollte er da mal beim Hochbauamt nachhaken.

Leichen im Stollen statt im Keller?

Möglich.

Oder Leichen und Geheimnisse im Fluchtstollen des Mühleggbahntunnels[10], der ebenfalls in die Schlucht mündete?

Die Steinach übertönte alles in der Mühlenenschlucht. Bei Tauwetter und Starkregen wurde sie fürchterlich wild. Donnerte. Spritzte. Fluchte. Brüllte.

Gnadenlos.

Wer da hineinfiel, sich hineinfallen ließ, hatte keine Chance. Signers[11] Wirbelfallschacht unten an der Talstation beim Müllertor und beim Gallus-Gedenkstein würde jegliches Leben auslöschen, dort, wo die Obrigkeit früher Menschen, vor allem Frauen ersäufte. Begehrenswerte Frauen, ungewollt schwanger geworden, vom Schultheiss, vom Landjäger, dem Pfarrer oder Arzt. Als Hexen verschrien.

Unsauber.

Unrein.

Zu gutgläubig oder verschlagen?

Zauberten sie den Männern ihren letzten Rest Verstand weg. Das war doch schon immer recht einfach gewesen. Und dafür wurden sie als Ware behandelt. Verpackt in Säcke wie junge Katzen und ins Wasser gestossen, dort beim Wirbelfall der Steinach. Ersäuft. *«Säcken»* nannte man das.

Ein Ort des Grauens, vor der Stadtmauer, beim Müllertor. Nahe bei der Kathedrale. Damals.

Und heute?

---

[10] Die Mühleggbahn durch die idyllische gleichnamige Schlucht nahm den Betrieb als erstes öffentliches Verkehrsmittel der Stadt im Dezember 1893 auf, zwei Waggons mit offener Plattform, wovon der eine an der Bergstation jeweils mit Wasser aus dem Brandweiher gefüllt werden musste, um so den bergwärts fahrenden in die Höhe zu ziehen. 1950 mutierte das Bähnli, liebevoll auch «Mühli» genannt, zu einer elektrisch betriebenen Zahnradbahn, später zu einer Art Liftbahn, deren nun einziger Wagen 2018 bisher zum letzten Mal ersetzt und die Strecke modernisiert, der Tunnel saniert wurde.

[11] Roman Signer, Bildhauer, Aktions- und Konzeptkünstler, Zeichner und Filmer, arbeitet und lebt in Sankt Gallen. Der Wirbelfallschacht bei der Talstation der Mühleggbahn ist eines seiner Werke.

Die Mühlenenschlucht ist nicht der einzige geheimnisvolle, mystische Ort an der Steinach.

Sankt Gallen. Wer sich auf diese Stadt einlässt, beginnt sie zu lieben. Irgendwann. Oder subito!

Wer in dieser Schlucht ins Wasser fiel, würde das nicht lebend oder einigermassen in «Form» überstehen. Pech gehabt. Vielleicht blieben Bruchstücke zurück. Häfeli seufzte. Heute Mittag hatte es G'hackets und Hörnli gegeben. Eigentlich wollte er gar nichts essen.

Unten am Gallusplatz, beim *Splügen,* nahm er den Bus Nr. 11, den «Schüttelbecher» Richtung Abacus-Platz, an der Stadtgrenze zu Wittenbach, der ihn praktisch vor die Haustüre im Heiligkreuz karrte, oder eben wieder zurück, mitten ins Herz des Klosterquartiers. An dieser Strecke lagen auch einige seiner bevorzugten italienischen Restaurants: *Toscana. Facincani.* Und das *Café Scherrer*. Als er auf den Bus wartete, hörte er vom Müllertor her die Steinach lärmen. Tosen und Schreien. Der Schnee war nass, es regnete fast. Nieselte.

Kalt war es trotzdem.

Bisig. Lausig. Grusig!

Am Pic-o-Pello-Platz. Beim Splügen[12].

Manchmal fuhr Häfeli mit seiner roten Vespa zur Arbeit, jetzt im Winter natürlich nicht, oder weniger oft. Er nannte sie *Frida* (ohne -ie). Frida mit Tessiner Kontrollschild, TI 6224. *Ticino.* Weshalb er sie besass, wurde gerne und oft gerätselt, vor allem von Neidern. Und Schwätzerinnen. Zu Hause in seiner Garage hatte er noch ein zweites Wäspi, mit Jahrgang 1956, ein zitronen-

---

[12] *Splügen, eine spannende Beiz, mit ihrem langjährigen Wirt Sam eine Institution, wie der nach den Clowns Pic und Pello lange Zeit offiziell nicht benannte Platz. Nicht nur während der Fasnacht. Mit Musik. Und Groove. Vis-à-vis das Drahtseilbähnli und der einzige Masken- und Heiratsklamottenverleih, und natürlich die Kellerbühne. In grauen Zeiten, die noch nicht so lange grau sind, hätte das gesamte wunderschöne Quartier abgerissen werden sollen, um eine irrsinnige Umfahrungsstrasse unmittelbar am Klosterbezirk und Weltkulturdenkmal vorbeizubauen.*

falterfarbiges, das nicht mehr so recht wollte. Trotzdem: Häfeli liebte auch diese Frida.

Piaggo. Ein Kultobjekt. Ein Oldtimer, wie der Kommissar. Meistens fuhr er allein damit. Und freute sich. Ein zusätzlicher Grund, sich auf den Frühling zu freuen, obwohl er Winter, Schnee und Eiszapfen liebte. Der Winter stand vor der Türe. Und weisse Weihnachten.

Eiszeitzauber?

Eiszeitzauber.

Montagmorgen.

Schon wieder! Häfeli versuchte, tief durchzuatmen. Im Hauptquartier der Stadtpolizei, immer noch im Amtshaus an der Neugasse, nicht im geplanten Neubau an der Vadianstrasse, der sich Zeit liess[13].

Kommissar Häfeli saß in seinem Büro im dritten Stock an seinem alten Schreibtisch. Massives Holz, schwer und abgenutzt, da und dort. Aber heimelig. Montagmorgen: Zurück im Hamsterrad. Das Aneinanderreihen alter Karamellen ging also weiter. Wie gewohnt?

Manchmal langweilte er sich, obwohl er sich eigentlich nie langweilte, weder im Büro noch zu Hause. Anstrengende Gedanken fielen dann und wann über ihn her, das liess sich oft nicht vermeiden. Zum Beispiel die neuen Strukturen, die sich schwammig abzuzeichnen begannen; überall. Prozesse – heute sprach alles von irgendwelchen «Prozessen» – trendy um nicht zu sagen sexy, natürlich absolut erforderlich, welche im Sinne der Entbürokratisierung so dringend seien, durch Jungspuntis forciert und angeheizt, Akademiker: Juristen. Eine Flutwelle. Auch Frauen hatte es neuerdings dabei, immer mehr, was der gendergerechten Sprache zum Durchbruch verhelfen sollte. Der Bürokratisierung tat das keinen Abbruch.

Im Gegenteil.

---

[13] *Das Hauptquartier der Stadtpolizei befindet sich in dieser Geschichte immer noch im Amtshaus, mitten in der Altstadt, weil's so praktisch ist. Und schön. Passend.*

Prozesse!

Ohne Ende.

Zauberwörter.

Fauler Zauber?

Prozesse hier, Projektmanagement dort und bald auch noch auf dem WC. Minutiöse Zeitverbuchung an jedes Projektli, interne Verrechnungen à discretion, koste es was es wolle, Detailverliebtheit und Versessenheiten im Urwald liessen die Bäume weit über die Aktenberge hinauswachsen. Und den Personalbestand auch. Die Verwaltung beschäftigt sich selbst, wollüstig und nimmersatt. Im guten Glauben an den Unsinn des Seins.

Fleissig und unaufhörlich.

Endzeitzauber.

Häfeli interessierte das nicht besonders, obwohl er mit diesem neuen Zeitgeist grösste Mühe hatte. Oder höchstens situativ, wenn es galt, rechtzeitig im Nebel zu verschwinden. Unsichtbar. Zwischen Aktenbündeln und meterhohem Grünzeugs, ein Avocadobaum und ein Mandarinlistrauch, die er selbst gezüchtet hatte und auf die er stolz war. Geranien vor den Fenstern, wenigstens im Sommer, auf die er weniger Einfluss hatte. Sie waren nicht erste Wahl, vor allem nicht seine. Aber schön waren sie doch, die Geranien, wenn er nicht vergass, sie zu tränken.

Manchmal sprach er mit seinen Pflanzen, aber weniger häufig als früher. Sie hörten ihm zu, geduldig – und gediehen trotzdem prächtig. Oder gerade deshalb. Früher waren sie noch ungestört gewesen, dann hatte er laute Musik gehört. Hart am Limit. Häfeli und seine Pflanzen. Früher hatte es auch öfters mal einen Apéro in seinem Büro gegeben. Italienischen Rotwein. Und nicht zu knapp. Arbeit wäre genug vorhanden (gewesen).

Früher wurde in diesem Büro noch geraucht, ebenfalls nicht zu knapp. Ein veritables Raucherstübli. Heute würde das nicht mehr durchgehen.

Die Überwachung hatte in letzter Zeit enorm zugenommen. Eindeutig. Aber eigentlich störte ihn das nicht.

«Mosch halt e chli ufpasse!»

Die Zeit verfloss ihm weiterhin zwischen den Fingern.

Auch ohne Apéros. Und Rauchen ist überdies immer noch ungesund, wie allgemein bekannt.

Stadtarzt in Bronze.

«Also. Geht doch», sagte er zu Vadian – Joachim von Watt[14], mit bürgerlichem Namen, dem Sankt Galler Reformator, Bürgermeister und Stadtarzt, der seit 1904 (wieder) auf seinem Posten war – auf seinem Podest, in Bronze gegossen, nicht weit von Häfelis Büro an der Neugasse entfernt; er winkte ihm zu. Vadian winkte niemals zurück, das tat der nicht.

Häfeli grüsste Vadian jeden Morgen auf seinem Sockel, im Vorbeigehen; manchmal meinte er zu sehen, wie ihm jener zuzwinkerte.

Chabis?

Wie war es damals, das Leben als Stadtarzt/Kurpfuscher, Stadtpräsident/Hochstapler, Bader/Puffvater, Pfaffe/Heilsbringer, Scharfrichter/Mörder?

Gallus, der Stadtgründer, und Vadian, der Reformator, ein Paar. Ein paar was? Spinnefeind. Oder nicht?

Im Büro war es dämmrig, freundlich abtempiert durch die Pflanzen, im Sommer auch noch vor den Fenstern, schon fast schummrig. Häfeli liebte Pflanzen und Tiere, ihre Aura und individuelle Ausstrahlung. Menschen? Na ja. Ja, irgendwie mochte er sie auch. Beobachtete sie gerne, analysierte, vor allem auch ihre pathologischen Neigungen mit den beginnenden Anzeichen dazu, der sich beschleunigende Zerfall. Menschen in ihrer einsamen, manchmal grenzenlosen Kümmerlichkeit.

Verschlagenheit. Verführbarkeit. Verlogenheit.

Verletzlichkeit.

---

[14] 29.11.1484 bis 6.04.1551. Vadianplatz beim Neumarkt nahe Bahnhof, später noch hinzu benannt; mit einem Kunstwerk von Max Oertli garniert, einer farbigen Brunnenskulptur. Eher eine Verlegenheitslösung, der Platz. Nicht Vadian, und auch nicht der Brunnen.

Vielleicht wäre ich doch besser Psychiater geworden, dachte Häfeli. Ein ganz schlauer. Oder auch nicht. Tagein tagaus diese Spinner? Spinner gab es auch im Amtshaus mehr als genug. Wie in einer Irrenanstalt! Nur sind alle auf freiem Fuss. Oder sie meinen es wenigstens.

Häfeli war als guter Zuhörer bekannt, und so hatte er sein Büro oft voll mit Menschen, die ihm ihr Herz ausschütten wollten, seinen Rat suchten. Manchmal wurde es ihm zu viel des Guten, obwohl er vor allem hübsche Frauen gerne empfing, wenn er dann und wann auch kaum mehr zum Arbeiten kam. Und obwohl er sich häufig wie in einer Irrenanstalt fühlte, war er eben *nicht* ihr Psychiater.

Punkt!

Diese Woche war nicht der Hammer gewesen, kaum ein Durchbruch. Nirgendswo. Keine Durchblicke, Erkenntnisse, Erfolge. Erholung im Büro? – «Charisieren und Omehocke»[15], davon konnte keine Rede sein; klar, dafür wurden sie auch nicht bezahlt. Viel Ärger mit seiner Frau und sowieso. Sabrina.

Mit seinem Assistenten Max Kraienbühl (Kraienbühl mit «i», nicht «y», das war ihm wichtig) hatte er es gut, sie vertrauten einander, kannten sich schon seit Jahren.

Kraienbühl war 38 Jahre alt, unverheiratet, besser: geschieden, mit Charisma, durchaus. Ein Kind, Laura. Meistens fröhlich und charmant, grossgewachsen und schlank, nicht immer bei der Sache. Manchmal ein Gigolo und wilder Tänzer auf verschiedenen Bühnen, auch Tango. Privat. Entweder kam er dann meist übermüdet zur Arbeit, oder es gab Konfusionen auf den Bühnen, wenn sich die Akteurinnen in die Quere kamen. Kraienbühl lachte gerne, hatte Schalk in den Augen, oder schwarze Ringe um die Augen und im Kopf. Meist. Häfeli und Kraienbühl ergänzten sich hervorragend – und mochten sich. Gut so.

Häfeli griff zu einem Mini-Kägifret, er sorgte immer für Nachschub in seinem Büro. Köstlich! Manchmal liess er sie in Ruhe schlummern, die Kägis, dann übermannte ihn die Lust. Wieder

[15] *Dialekt: flirten und herumsitzen.*

einmal. Altbacken wurden sie nie. Einmal in seinem Leben wollte er nach Lichtensteig fahren, in den Fabrikladen der Firma Kägi und Söhne AG, den «Glücksshop», und sich dort mal so richtig zudeckeln. Süsses Glück kaufen?

Auch Caramel-Bonbons, die er immer bei sich hatte, liebte er über alles, und Caramel-Bouchets von Maestrani, die so wunderbar an den Zähnen klebten, und dann und wann ein vor Jahren geflicktes Exemplar herauszerrten – Quecksilberfüllungen. Mit Kostenfolge. Vielleicht sollte er gelegentlich den Zahnarzt wechseln. Oder im nächsten Leben gar selbst Zahnarzt werden? Ein monetär nicht uninteressanter Gedanke.

Andererseits und allerdings wäre da zweifellos nicht nur der Mundgeruch allfälliger Patienten – sondern vor allem auch sein aktuelles Gewicht zu berücksichtigen: «Bewegen Sie sich, so viel wie möglich.» Der Arzt schwafelte etwas von Altersdiabetes, «Ihr Vater hatte das doch auch, seien Sie vorsichtig, und dann ist da noch das Cholesterin. Übertreiben Sie es nicht. Sonst kann ich für nichts garantieren.» Häfeli wollte das gerne bei nächster Gelegenheit dem Polizeivorstand ausrichten.

Was wollte dieser Arzt denn garantieren, wo es nichts zu garantieren gab? Der Tod ist sicher. Gebucht. Verzeihung, ich bin nicht von Siemens oder Elektrolux und auch nicht von Zug, für mich gibt es keine Ersatzteile. Also, was soll's?

Häfeli liebte Sankt Gallens Maestrani, nun nicht mehr in Sankt Gallen, sondern in Flawil, Kägi in Lichtensteig, oder Frey, Camille-Bloch, Cailler – und wie die alle heissen. Doppelrahm in Gruyère. Verführerisch, rahmig, köstlich. Eine Sünde! Zwar ohne Fleisch. Aber immerhin. Und dann war da noch der Käse. Gruyère-Surchoix. Oder der fette Appenzeller, auch für Knöpfli oder Spätzli, die Bayern sagen «Spatzen», bestens geeignet.

Ein Käse-Gedicht.

Eine Sünde?

Sünden lohnen sich. Und verzeihen es sich selbst. Manchmal.

Nicht immer.

Süsse Karamellen?

Nebenan arbeitete die persönliche Mitarbeiterin des Polizeivorstandes, Häfelis Chef: Lena Rabenschwarz Bölsterli. Auch so eine Sünde, optisch, gut proportioniert, aber wesentlich gefährlicher als Gruyères Doppelrahm.

Sie hatten ein enges, vertrautes Verhältnis, immer wieder. Oder eine Beziehung? Mit vielen Krisen. Manchmal wischte er ihr die Tränen ab, wenn sie traurig war, und er nicht wusste weshalb. Oder er verliess dann wortlos das Büro und hoffte auf besseres Wetter. Gelegentlich war das schlau – und zielführend. Vernünftig!

Lena war nicht ganz alt, aber auch nicht mehr ganz jung – jedenfalls ein zünftiger Hausdrache oder eine Wildkatze, oder beides? Mit halblangen dunkelbraunen Haaren, und grauen Streifen, nicht gefärbt. Streifenhörnchen, kam Häfeli in den Sinn. Ob sie nun überall grau wurde? Wieder einmal war er unschlüssig in seiner Diagnose.

Später liess sie sich blaue Strähnen einfärben, zu den grauen, die blieben, lackierte die manchmal ziemlich langen Fingernägel schwarz. Krallen. Ab und zu färbte sie die Haare rot – und sah dann aus wie ein Rüebli. Irgendwie war sie (zumindest manchmal) etwas faul. Ein faules Rüebli. Ein verrücktes Huhn. Oder eine Hexe? Rote Haare gehörten bei der Polizeiverwaltung allerdings zum Corpsgeist. Bei den Mannen natürlich nicht.

Hexen.

Ein vieldeutig unscharfer Begriff – im Wandel der Jahrhunderte betrachtet. Vom Todesurteil zum mehrdeutig interpretierbaren Schimpfwort? Oder gar ein Kosewort – Hexli. Pardon!

Hatten nicht Hexen meist rote Haare, wenn sie in der Walpurgisnacht zum Studengüggi hochflogen, mit oder ohne Besen, zum Freudenberg, wie er heute genannt wird, hoch über der Stadt Sankt Gallen, dort ekstatisch tanzten, nackt, womöglich noch mit dem Teufel?

Kopulierten.

Wild.

Drauflos.

Hemmungslos!

Männerfantasien.

Hexen.

Häfeli wäre gerne einmal dabei gewesen.

Tatsächlich!

Konnten diese Frauen wirklich fliegen?

Konnte man ihren Atem spüren, auf der Haut, oder im Mund, ihre Brüste anfassen, ihnen den Puls fühlen?

Sich persönlich vorstellen, mit Namen, war wohl nicht erwünscht.

Oder doch?

Hexen zaubern.

Verzaubern. Irgendwie.

Andererseits.

Quatsch. Aberglaube. Unmöglich!

Und der «Hexenschuss»? Hexenschüsse trafen Häfeli mindestens jedes zweite Jahr einmal. Schmerzhaft.

Hexen waren eine seiner Schwächen. Hexen waren immer eine Herausforderung (wert).

Die Anflugbedingungen für die Hexen zum Freudenberg waren übrigens ideal, die Aussicht über die Stadt atemberaubend – sensationell, ausser bei Nebel.

Sankt Gallen sehen, mit den Augen einer Hexe? Cool. Vielleicht.

Schlimmer konnte es nicht mehr kommen.

Der Freudenberg, ein Nebelspalter, der Name war komisch genug: Freudenberg – Berg der Freude(n), Freudenhaus, Freudenstadt. Und der Seelenhof, unweit vom Chrüzhof entfernt, ein einsames Gehöft dort oben, Ort verlorener Seelen? Düster, geeignet für einen Mord. Oder eine Hochzeitsfeier. Ein Freudenhaus. Ein Upperclass-Puff?

Und die Lustmühle – eine Lust-Mühle? Ebenfalls in der Gegend, sich verlustieren oder mahlen? Beides geht nicht! Keinesfalls. Malen vielleicht noch.

Seelen und Kreuze. Blieb noch die Lust. Wer trug heute das Kreuz? Gespenster und Käuze. Rien ne va plus?

Hexen sollen auch am Rütiweiher hoch über St.Georgen, nicht unweit des Freudenbergs, ihr Unwesen getrieben haben. Oder immer noch? Tanzen am verwunschenen, wilden, unberührten, aber wunderschönen, idyllisch gelegenen Waldsee – dem reizvollsten Weiher der Stadt Sankt Gallen überhaupt – dort nackt gebadet, geliebt, geträumt. Bei Mondlicht. Oder in dunklen Nächten. Schatten aller Art. Heimlich. Unheimlich.

Gerüche. Geräusche. Geschmäcke.

Waldkäuze und Fledermäuse, und was weiss ich noch.

Schwarze Magie!

Wirklich?

Ein Gerücht.

Häfeli war nie dabei gewesen. Leider. Aber er liebte diesen speziellen Waldsee ebenfalls, heiss, wie die Hexen.

Am Rütiweiher[16].

Und das Hexengässlein in der Altstadt? Wohnten dort früher nicht alle Hexen der Stadt? Als Kind hatte Häfeli geglaubt, am Hexengässlein gebe es ein Lebkuchenhaus. Aber er fand es nie. Im Gegensatz zu Hänsel und Gretel. Gspässig.

Aussergewöhnliche Namen. Mit Geschichte und Geschichten. Vielen Fragen. Und Bodensatz blieb übrig.

---

[16] *Der Rütiweiher wurde 1836 auf private Initiative gebaut. Die meisten städtischen Weiher entstanden im 19. Jahrhundert als künstliche Wasserspeicher für Feuerlöschzwecke und Bleichen, vor allem aber auch zur Energieproduktion, zum Antrieb von Wasserrädern, später Turbinen, die in Mühlen, mechanischen Werkstätten, in Knochenstampfe und Teigwarenfabrik, Sägereien, Spinnereien und Manufakturen aller Art der Steinach entlang bis ins Galgentobel Maschinen antrieben. Da der Bach nicht immer genügend Wasser führte, waren die Weiher existentiell. Heute nicht mehr – vielmehr eine Belastung für den Besitzer. 1990 wurde der Rütiweiher aufgehoben und Jahre später mit viel Geld in ein Retentionsbecken umgewandelt. Wasser als Lebenselixier und Kraftspender.*

Früher gab es auf dem Freudenberg ein Restaurant, wo man nach dem Sonntagsspaziergang mit den Eltern «einkehren» konnte. Irgendwann brannte es ab.

Ob da jemand nachgeholfen hatte?

Vielleicht eine Hexe.

Wie auch immer.

Und Lena?

Es liess sich durchaus mit ihr auskommen, wenn man gewisse Regeln beachtete. Und nicht empfindlich war, sie ihr Spiel spielen liess. Wenn sie lachte, war sie schön. Liebenswert. Irgendetwas reizte ihn, was genau, war ihm nicht eigentlich klar. Ihre Rundungen? Ihre Intelligenz! Zweifellos: Sie war schlagfertig. Nicht eigentlich zuverlässig oder gar berechenbar. Und gefährlich, das wusste er. Eine Wundertüte. Und das gewisse Etwas? Ihre eher kühlen Augen waren es nicht, ihr oft und gerne aufbrausendes Wesen ebenfalls nicht, nervös wie eine Araberstute. Eine Sevillana. Eine Hexe?

Cool bleiben war da nicht immer möglich.

Na ja.

Vor allem ihr Gesicht faszinierte ihn, obwohl es ihm gelegentlich bedrohlich giftig vorkam: Vertraut. Verführerisch, manchmal. Verschlagen? Frech! Dann wieder fast zärtlichlieb … Lieb? Manchmal.

Oder aufreizend. Eine Schauspielerin? Er glaubte sie zu durchschauen, sie zu kennen, ihre Seele, ihre Defizite, ihre Probleme. Hinreichend. Ihren Mund mit den vollen Lippen, erotisch, nicht nur, wenn sie geschminkt waren, was selten genug vorkam. Die Haare trug sie meist zusammengebunden, im Korsett, selten offen; manchmal öffnete sie sie, bei speziellen Gelegenheiten, für ihn, wie er meinte. Wenn sie sich berührten. Ihre Seelen. Wenn er ihre Krallen spürte. Und ihre Haare.

Lena war verheiratet, wohnte in St.Georgen, neben der *B-Post*. Das traf sich gut. Seine Schaufensterpuppe zu Hause hiess ebenfalls Lena; Häfeli hatte sie bei der Geschäftsaufgabe der EPA[17] am Marktplatz vor dem Müll gerettet, das war schon einige Jahre her. Ein Findelkind. Lena hatte sich gut gehalten, sass nun brav in Häfelis Schlafzimmer. Ein Kleiderständer. In schwarzen Strümpfen. Im Übrigen verhielt sie sich ruhig. Und diskret.

Manchmal hatte Häfeli das Gefühl, Lena, also jene im Büro, sei eifersüchtig auf seine Frau, Sabrina. Und Sabrina vice versa, auf beide Lenas. Shit happens. Frauen unter sich. Dann sollte man sich nicht zwingend einmischen. Oder doch endlich mal richtig und ausgiebig ausmisten?

Saustall.

Neben dem Sekretariat war das grosszügige Büro des Polizeivorstandes, in dem Stadtrat Edmund Freiluft-Dieterle – schlicht auch *EFD* genannt – thronte, wenn er hier war, was eher selten vorkam. Asketisch, sportlich, hager. Er war als Kandidat einer christlichen Partei in den Stadtrat gewählt worden, die inzwischen im Sich-Auflösungsbereich herumdümpelte, ehemals «staatstragend», ein verrücktes Wort, nun eher «staatsschlingernd», wie andere sogenannte Volksparteien auch. Das machte die Sache auch nicht besser. Na ja. Aber EFD wollte sich nicht vertreiben lassen – dazu sei es noch viel zu früh, schliesslich war er erst 66. Mit 66 Jahren fängt das Leben erst an, oder so, hiess es doch in einem Schlager. Wie hiess der Sänger schon wieder? Und was war vor dem 65. Geburtstag?

Placken. Pennen. Penetrieren.

Vielleicht.

Oder umgekehrt.

Aber nicht gleichzeitig. Alles.

Freiluft. Zugluft. Durchzug.

Manche sagten, Freiluft-Dieterle sei zumindest *etwas* eitel. So legte er höchsten Wert auf ein exquisites Parfüm, selten und teuer, und, obwohl er verheiratet war – wie glücklich lassen wir

---

[17] *EPA, Discount-Warenhaus (Einheitspreis AG), 1930 eröffnet, bis 2005 von Coop übernommen. Der Name EPA Neue Warenhaus AG verschwand in der Folge.*

lieber offen – pflegte er seine riesige Glatze mit grösster Sorgfalt und Liebe, so schien es jedenfalls. Mit Olivenöl – extra vergine. Glänzend. Und gut gebohnert wie ein altes Parkett. EFD sei süss, charmant, meinten vor allem Frauen. Und umgänglich, hiess es.

Häfeli sah das nicht zwingend und immer so. Na ja, eher umgekehrt, EFD war unumgänglich. Zurzeit. Noch.

Anschliessend folgte das repräsentative Büro des Polizei-Sekretärs, Adjunkt Fridolin Büttikofer, ein besonders Aufstrebiger und Umtriebiger, «ein den Leuten-nach-dem-Mund-Schwätzer», davon war Häfeli überzeugt, wesentlich jünger als er und wahnsinnig ehrgeizig, wie es ihm schien. Sehr intelligent. Eher kleinwüchsig, rundlich und mit abstehenden Ohren, dünnen Haaren, dezent ungepflegt, eigentlich das Gegenteil von Kraienbühl, zudem wirkte er stets zumindest etwas unfroh, mürrisch, selbstgerecht und machtgieriggiggeriggeil.

Der will die Leiter hinauftrumpen und dort oben eigenhändig herrschen, koste es was es wolle, von Gottes Gnaden. Obwohl Gott für ihn nicht existierte.

Er selbst war Gott.

Ein Nasenbohrer.

«Von mir aus!» Häfeli hatte längst aufgegeben, alles zu hinterfragen.

Böse Stimmen behaupteten, Büttikofer leite eine Selbsthilfegruppe für Kleinwüchsige, in der er buchstäblich der Grösste sei.

Büttikofer war noch weniger im Büro als Freiluft-Dieterle. Aussendienst, sagte er jeweils, und verschwand einige Stunden. Er habe ein Problem, munkelte man. Häfeli kannte es genau. Er öffnete die Schublade und beobachtete die transparente Flüssigkeit. Geister in der Flasche. Häfeli-Brand. Alte Pflaume. Lecker. 42 Prozent. Noch immer geschlossen.

Ob er gelegentlich das Blaue Kreuz benachrichtigen sollte? Andererseits: Büttikofer würde sich schaurig aufregen. Er brauche nie Hilfe, meinte er.

Nie!

Ein klassischer Sauladen. Ob er schon nach Hause gehen sollte? Häfeli blickte auf seine Uhr, eine billige Swatch mit farbigem Zifferblatt. Poppig. Häfeli liebte sie. Bewunderte sie. Ihre Farben. Ihre Einfachheit. Trotzdem war es erst 16 Uhr.

Flüchtig sah er nochmals die Aktennotiz zum Freitagabend in der *B–Post* und die Post für den Chef durch. Alles unauffällig, wenig aufregend. Viel hatte er nicht entdeckt: Ein paar Kiffer, Gelegenheitsdealer, Trinker. Unwesentlich. Ab ins Archiv, ins Kistchen des Chefs. Oder noch besser in den Papierkorb.

Häfeli packte seine leuchtend gelbe Tasche, eigentlich eine Tasche für Künstler oder so; einige fanden sie deplatziert, ungeeignet für ältere Herren und lachten hämisch, meist heimlich und hinterrücks. Das kümmerte ihn nicht.

Manchmal transportierte er mit der gelben Tasche Dossiers, was eher selten vorkam, manchmal eine Banane, Äpfel oder ein Rüebli, Rivella, oder private Akten und Aufträge – und ging nach Hause. Unauffällig. Trotz gelber Tasche.

Ohne sich von Lena zu verabschieden.

Heute war wieder ein rabenschwarzer Tag.

Lena kam ihm in den Sinn. Wie so häufig. Rabenschwarz. Bölsterli.

Obwohl, *so* schlimm war es nun auch nicht gewesen.

Ohne Streit.

Und trocken.

In jeder Hinsicht.

Häfeli war mit sich zufrieden.

Allzu häufig kam das nicht vor.

Mit sich im Reinen zu sein, war das das Lebensziel.

Für das Ende?

Am Ende.

Das Wort Chabis verwendete Häfeli relativ häufig, es dünkte ihn feiner als Quatsch. Während er Chabis sagte, meinte er meist Quatsch!

Häfeli mochte Chabis mit Speckstreifen.

Sabrina kochte hervorragend. Kinderkrankenschwester, früher, nun Klavierlehrerin. Käsefladen, Älpler-Magronen, mit viel Kartoffeln und vor allem Appenzeller Käse, Häfelis Leibspeise, Chäs-Chnöpfli mit gerösteten Zwiebeln, nicht zu knapp. Auch Fischfilets mochte er, soll ja gesund sein. Und Sardellen-Pizza. Selbst kochte Häfeli kaum, aus Zeitgründen, wie er sagte, allenfalls zusammen mit seinen beiden Kindern. Dann gerne.

«Auch Kinder müssen Kochen lernen», pflegte er jeweils zu sagen. «Und zwar unabhängig des Geschlechts. Das gilt nebenbei auch für das Rasenmähen. Gell Sabrina.»

Rein zufällig stand gerade wieder einmal das Schneiden der Wiese an, das letzte Mal in diesem Jahr. Wer das wohl übernehmen würde? Oder sollte er besser das Los werfen. Auslosen? Die Chancen, diesmal davon befreit zu sein, konnten sich so für ihn nur erhöhen.

Alte Karamellen.

Einst süss und lecker.

Oder Fiktion?

Nun Schnee von vorgestern.

Öde.

Dass sich alles immer wieder und wieder und immer wieder wiederholen musste.

Im Leben.

Oder doch nicht?

Voyeure am Galgen.

«Wir haben eine Vermisstenmeldung, es gibt Arbeit! Eine junge Frau». Kraienbühl scheuchte seinen Chef aus seiner Gedankenwelt. Ein Irrgarten? Mit Blumen. Ein Klosterkräutergarten mit Olivenbäumen und Reben. Hinter der Kathedrale, endlich! Schön. Eigentlich. Und gut riechend. Paradiesisch üppig.

«Abwarten. Die meisten tauchen irgendwann wieder auf. Wie auch immer.» Als ob sie nicht so schon genug Arbeit hätten. Häfeli knurrte.

Das Telefon klingelte penetrant, heute besonders aggressiv, wie es ihm schien. Er ließ es geschehen. Häfeli nahm das Telefon grundsätzlich nicht mehr immer ab, seit man sehen konnte, wer anrief, immer weniger. Na ja. Die moderne Technologie hatte auch ihre Vorteile.

Das Telefon schellte erneut, nun noch aufgeregter, wie es ihm schien. Irgendwas brummelnd griff er zum Hörer.

«Häfeli, Kommissariat 2 …»

Die Augenbrauen flüchteten nach oben, der Mund nach unten.

Sein Gesicht wurde ein Mü fahler als üblich.

Schöne Tote.

«Komm, wir fahren in die Pathologie.» Institut für Rechtsmedizin am Kantonsspital Sankt Gallen, nennt sich der Ort offiziell. Häfeli packte Kraienbühl an den Schultern. «Was sagtest du, eine junge Frau?»

Im weiss gekachelten Raum, hell um nicht zu sagen grell erleuchtet, lag sie, auf dem Seziertisch aus Chromstahl: «Gabriela Kürsteiner, 21 Jahre alt, Studentin. Ertrunken, wie es scheint. Würgemale am Hals, ziemlich übel.» Céline Fröhlich, die junge Ärztin, zeigte auf die blau-schwarzen Flecken und zog das weisse Tuch über den Kopf der Leiche.

Häfeli verschlug es beinahe den Atem. Das war …, das war doch die junge Frau vom Freitagabend, der er in der Mühlenenschlucht begegnet war – sie kam von der Stadt herauf, und lächelte.

«Pardon», er zog der Toten den Stoff nochmals vom Gesicht. Kein Zweifel. Ein schönes Gesicht, auch jetzt noch. Sie war es.

«Wie lange ist sie schon tot?», fragte Häfeli. «Und wo habt ihr sie gefunden?» Beide Fragen hätte er gleich selbst beantworten können; er verzichtete darauf.

«In der Schlucht, Spaziergänger entdeckten den Körper in einer Felswanne der Steinach, nahe der Felsenbrücke, und riefen die Ambulanz; der Notarzt konnte jedoch nur noch den Tod feststellen. Klar. Ich schätze, sie ist seit Freitagnacht tot. Eine Patrouille von euch hat dann Wellenberg kommen lassen, den Bestatter. Der hat sie uns gebracht.»

«Wellenberg? Herrgottsack, wieso hat man uns nicht geholt …», brüllte Häfeli. «Ich möchte immer, immer den Fundort sehen! Ich habe entsprechende Anweisungen gegeben.»

«Im Kommissariat 2 war wohl niemand, jedenfalls wurde das Telefon nicht abgenommen», sagte Fröhlich. Die Rechtsmedizinerin zuckte mit den Schultern. «Das ist dann eure Sache.»

«Natürlich ist es unsere Sache», äffte Häfeli die Ärztin nach. «Natürlich! Kleider, persönliche Effekten, und die Eltern?»

«Die waren vor euch hier, angeblich fehlt nichts. Alles da: Handtasche, Ausweise, Natel, Schlüssel, Kosmetika. Sperma. Und Präservative. Die Kleider zwar schmutzig, aber unbeschädigt, soweit wir das jetzt schon alles überblicken können – und wir haben Tierhaare gefunden, vermutlich von einem Hund.»

«Überblicken können», Häfeli schäumte. «Das wird Konsequenzen haben…! Verwendbare DNA-Spuren?»

«Ja, die junge Frau hatte kurze Zeit vor ihrem Tod Geschlechtsverkehr, einvernehmlich, keine Hinweise auf Gewaltanwendung, wir haben Sperma gefunden, wie gesagt.

Und andere Säfte. Hier.»

«Los, wir treffen uns in der Mühlenenschucht.» Kraienbühl hatte bereits die betreffende Polizeipatrouille und die Kriminaltechnik hinbestellt. Auf dem Weg durch die Altstadt begegneten ihnen im Klosterviertel einige Touristen, zwei fielen Häfeli auf. Ein Pärchen, sie mit Kopftuch, er ohne. Sie zog einen schweren Koffer hinter sich her, er trug lässig einen Duty-free-Sack. Mit ihrem neuen Parfüm? Vielleicht. Bei Gottfried P. Hugelshofer, seinem Nachbarn, Bankdirektor und Oberst, war das jeweils umgekehrt, wenn sie verreisten. Er schleppte die Koffer, sie das rote Handtäschchen. Hugelshofer als oberster Gepäckträger.

Der Kommissar erzählte seinem Assistenten von jener Freitagnacht, dass er dieser jungen Frau, die nun in der Rechtsmedizin lag, begegnet war, als er von der *B-Post* nach Hause wollte. «Wir haben uns gegrüsst, das war kurz bevor sie ermordet wurde. Wahrscheinlich bin ich der letzte, der sie noch lebend sah.» In der Schlucht des Grauens und der mysteriösen Kräfte, der Wunderheiler, Zauberer und Feen, Märchenerzähler, der wilden Gedanken und Tiere.

In der Mühlenenschlucht waren trotz intensiver Suche keine Spuren mehr zu finden, nichts Auffälliges. Nur ein paar Pet-Flaschen und Plastiksäcke, welche die Steinach angeschwemmt oder rücksichtslose Spaziergänger wie zufällig fallen gelassen hatten. Die Polizeipatrouille hielt sich im Hintergrund, so weit möglich, wie immer, wenn der Chef wütend war. Und Häfeli war wütend.

Definitiv.

Häfeli schwieg auf dem Rückweg ins Amtshaus. Eisig.

«Nachher fahren wir zu den Kürsteiners, Waldgutstrasse, und du kommst mit!» Kraienbühl antwortete nicht, verzog lediglich den Mund. Sein Chef hatte heute wieder mal einen seltsamen Ton drauf.

Das Gespräch mit den schockierten Eltern – Oberlehrer mit Hausfrau – und dem drei Jahre jüngeren Bruder war wenig erhellend gewesen. Gabriela sei eine aufgestellte, liebe junge Frau gewesen. «Lebensfroh. Und hübsch!» Die Mutter zeigte auf ein Foto – und begann zu weinen. Nach der Matura vor einem Jahr und Sprachaufenthalten in Nyon, Cambridge und Verona begann Gabriela an der Fachhochschule beim Hauptbahnhof Heilpädagogik zu studieren. Offenbar erfolgreich. Sie sei überall beliebt gewesen, sehr sportlich, vor allem Schwimmen liebte sie, im Manneweiher auf Dreilinden, hoch über der Stadt – einem der schönsten Freibäder der Schweiz. Das nützte nun viel.

Einen Freund? Davon wussten die Eltern nichts zu erzählen. Dass ihre Tochter ein Sexualleben haben könnte, davon wagten sie nicht einmal zu träumen. So schien es. Obwohl: Die Sonne hatte sich bei diesem Gespräch in dieser dunklen Stube ohnehin verzogen.

Gabriela habe ihre eigene kleine Wohnung gehabt, an der St.Georgen-Strasse 47, damit sie nicht so weit laufen musste, zu den Weihern auf Dreilinden, zum Schwimmen.

«St.Georgen-Strasse 47?»

Das graue Haus, blitzte es Häfeli durch den Kopf.

Er liess sich von den Eltern den Wohnungsschlüssel geben.

«Wollen Sie dabei sein?» Kopfschütteln.

«Adieu. Wir wünschen Ihnen, na, ja. Sie wissen schon ...», er drückte allen kräftig die Hand, berührte den Bruder leicht an der Schulter.

«Nochmals herzliches Beileid!

Wir geben Ihnen dann Bescheid.

Alles Gute.»

Mief ...

Häfeli und Kraienbühl standen vor dem grauen Haus am Bach in St.Georgen, fanden den Eingang hinter dem Haus, direkt an der Felswand. Uneinsehbar. Unpraktisch. Zum Zügeln, zum Beispiel. Sie lasen die Namensschilder an den Briefkästen.

«Erstaunlich wenig fremdländische Namen. Wer baut denn so was, so nahe an die Felsen heran, eingeklemmt, garniert mit Bach und Strasse?» Kraienbühl schüttelte den Kopf.

«Architekten. Und Spekulanten. Aber das ist ein völlig normales Prozedere, ein Wohnhaus, am falschen Ort gebaut, aber noch längst keine Abbruchbude!

Frag' morgen bitte in der Fachhochschule nach; ob du dort etwas herausfindest. Ja? Ist wohl eher deine Liga.»

Die Polizisten öffneten die Haustüre, aha, unverschlossen, und stiegen die Treppe hinab, nicht in den Keller – Gabriela Kürsteiner wohnte im Souterrain, zum Kellergeschoss ging's noch eine weitere Treppe hinunter. Die Wände waren grau, ein undefinierbarer Mief hing in der Luft, eine feuchte Wolke aus Kochdämpfen, menschlichen Ausdünstungen – und was war das?

«Katzenpisse ist auch noch mit dabei, eine heitere Mischung.» Häfeli schüttelte den Kopf. Unbekümmert spazierte gerade eine rot-weiss getigerte Katze an ihnen vorbei, den Schwanz hoch erhoben, sie wollte nach oben, ans Licht. Vielleicht gab es dort etwas zu ergattern, eine Maus. Vielleicht. Häfeli sprach sie an, wollte sie streicheln. Die Katze dachte nicht daran, sich von den beiden Männern aufhalten zu lassen – und streicheln schon gar nicht.

Häfeli hatte immer geglaubt, ein Katzen-Flüsterer zu sein.

In der kleinen Wohnung gab es wenig zu sehen, aber viele Fingerabdrücke: «Lass die Spusi kommen.» Ein 140cm breites Bett, Kommode, Büchergestell, hauptsächlich mit psychologischen Büchern und Dossiers der Fachhochschule im Schlafzimmer. Sie öffneten die Kommode: Jeans, Pullover, Unterwäsche, Nylons – erstaunlich schön. Schuhe in verschiedenen Farben in einer Ecke des Korridors. Hölzerner Esstisch und Kasten im Wohnzimmer. Ordentlich. Geordnet. Alles. Und sauber. Im Kasten Geschirr, Farben und Papier verschiedener Stärke und Qualität, diverse Pinsel, offenbar malte die junge Frau. Mit Gouache. Ob die Bilder was hergeben, überlegte Häfeli, und schaute sich nochmals um, Zweifel in Augen und Mimik.

Im Bad erblickte er einen Akt, grell, mit rotem Pimmel, der an dunklen Schamhaaren nagte. Oder schnupperte. Jedenfalls gegenüber. Stand. Aufrecht. Oder was auch immer. Irgendwie seltsam. Irgendwie widerlich. Bizarr. Vor allem die Farben.

Na ja. Geschmackssache. In jedem Fall.

Obwohl: Prüde war der Kommissar nicht, das nun wirklich nicht.

«Auch hier riecht es speziell, abgestanden und muffig», der Kommissar rümpfte die Nase. «Feuchtes Loch! Kein Fernseher, keine Stereoanlage …»

«Das läuft heute alles übers Handy oder iPad. Internet, du weisst.» Kraienbühl wusste es. Klar.

«Chabis!»

Der Kommissar fand sich im Internet durchaus zurecht, mindestens einigermassen. Die digitale Welt war aber definitiv nicht sein Steckenpferd, seine sozialen Netzwerke waren anders gestrickt. Analog.

Bis er dann irgendwann im Altersheim aufwachte, wollte er es dabei belassen.

Einigermassen.

«So geht das!»

«Was sagtest du», fragte Kraienbühl.

«Nix. Du nimmst den Laptop mit, das Handy haben wir schon, wohl unbrauchbar. Wasserschaden. Briefe oder so liegen hier keine herum. Oder hast du ein Tagebuch gefunden? Wohl nicht, die Frau ist digital.»

Die Wohnung war sauber aufgeräumt. Für Häfeli fast eine Spur zu sauber. War vor ihnen schon jemand hier gewesen, von wem stammten die vielen Fingerabdrücke?

«Versiegeln!»

Ermitteln als Verwaltungsakt – kommt Zeit kommt …? Ermitteln braucht Zeit, Geduld, Stringenz, seriöses Arbeiten. Erfahrung. Nur nichts überstürzen. Dranbleiben. Den Monitor nicht überlasten. Überfordern.

Ermitteln.

Sorgfältig, mit Empathie. Und Sinn für das Unmögliche.

Häfeli und Kraienbühl waren nicht die schnellsten ihres Metiers. Aber, wie war schon wieder das Gegenteil von unfähig?

Kompetent. Genau.

Meist erreichten sie ihr anvisiertes Ziel. Doucement.

Und ohne Effekthascherei.

Im Büro gingen sie die Namen und Daten der Bewohner des grauen Hauses an der St.Georgen-Strasse 47 durch, beginnend im Untergeschoss:

1 Gabriela Kürsteiner, Studentin.

2 Jean Kummer, Student.

3 Berta Flammer, keine Berufsbezeichnung.

4 Patrice Federerova, Unternehmungen.

5 Pippa Johannson, Übersetzerin.

6 Leopold Federspiel, pensionierter Kantonsschulprofessor.

Pause.

... und Mohren.

«Interessant: Drei Frauen und drei Männer, und alle wohnen alleine. Wir statten den Brüdern morgen einen Besuch ab, und sind gespannt, was uns erwartet.» Brüder. Häfeli nahm es mit der gendergerechten Sprache und der letzten Rechtschreibereform nicht sonderlich genau. Auch die Mohrenköpfe und der Mohrenball blieben im Repertoire, wobei letzterer schon seit dem Jahre 2000 – nach über 40 Jahren Tradition für tout St-Gall – abgeschafft worden war. Nicht etwa, weil die Mohren fehlten, die nahmen sogar eher zu, das Interesse an Maskenbällen und den Mohren war in der Stadt generell eingeschlafen, verstummt. Wieder eine Spur brötiger, wieder eine Schnitte langweiliger.

Wie schrieb doch der in St.Fiden geborene Sankt Galler Schriftsteller und Journalist Niklaus Meienberg[18], der herzhafte «Nestbeschmutzer», über «seine» Stadt ..., aber lassen wir das. Eine Strasse hat er 2005, oberhalb seines Elternhauses am Birnbäumenhang, doch noch bekommen, nachdem er bereits 1990 den Sankt Galler Kulturpreis erhielt, zum Grausen rechtsbürgerlicher Kreise – wer hätte das gedacht. Ob er darauf stolz wäre? Mindestens einen Fan musste das Enfant Terrible in der Bauverwaltung, welche die Strassennamen vergibt, haben.

Ein Sankt Galler Wunder!

Allerdings.

Suizid im Jahre 1993.

---

[18] *Historiker, Journalist und Schriftsteller, 1940 bis 1993, engagiert, kritisch, angriffslustig.*

Solche Aktionen sind meist endgültig.

Das Ende eines Kulturpreises – contre coeur angenommen.

Hoffnungslos.

Bald ist wieder Fasnacht, dachte Häfeli wehmütig. Nachdem dann Weihnachten überstanden ist. Häfeli liebte es, sich zu verkleiden, zusammen mit Kollegen – eine Jagdgemeinschaft. Damals. Ja, es war ein spezieller Anlass gewesen, der Mohrenball, Geschichte nun, wie so vieles in dieser Stadt. Schade!

Natürlich waren auch viele Grabscher da – und akkurat tätig. Meist unbehelligt. Damals. Früher war Grabschen eine Männerdomäne.

Das Hotel Ekkehard mit seinem Mohrenball gibt es schon lange nicht mehr. Und das nicht erst, seit alle in Konstanz shoppen, im Internet, dort die Imperias besuchen. Eine Warte-Ruine, das grosse, stattliche Haus. An bester Lage. Leer.

Warten auf Godot?

«Geiz ist geil», das haben uns doch die Deutschen beigebracht, ein unmöglicher Spruch. En Seich! Nun schlug die Keule zurück, in Konstanz, zum Beispiel. Bombengeschäfte zwar, Überstunden für das Verkaufspersonal bis zum Abwinken: «Wir öffnen für Sie, auch sonntags, und immer bis 20 Uhr!» Und dafür eine mit Schweizern nachhaltig verstellte Stadt. Läden und Beizen rammelvoll, so macht‘s Spass. Die überfremdeten Schweizer überfremden Konstanz. Lindau. Dornbirn.

Befremdend.

Köstlich!

Beklemmend für die einheimischen Gschäftlimacher und Startup-Fritzen, denen die Felle davon zu schwimmen drohen, und die sich entsprechend lautstark beschweren. Und händeringend nach Rezepten suchen, im Grunde aber ratlos sind. Beklemmend, ein böses Wort, für einmal nicht so bös gemeint.

Natürlich.

Bedenklich für die Sankt Galler Innenstadt mit ihren leeren Läden und Leerständen, die in kurzer Zeit stark zugenommen haben – offenbar stärker als andernorts. Ladenbesitzer verlassen die

Stadt, wie ein sinkendes Schiff, bleiben aber Wil, Frauenfeld und Winterthur treu. Sogar Ladenketten und Kettenläden ziehen sich zurück. Kettenspiele?

Gspässig.

Die Zeitung neu aus dem Aargau statt aus Sankt Gallen, die Spielsachen und das Brot ebenso, die Bücher aus Zürich: Zollibolli, Schwyter und Tagblatt, die Rösslitor-Buchhandlung.

Und die Arbeitsplätze verdünnen sich, im Gelobten Land.

Gründe gibt es viele.

Unerfreulich.

«Sönd wöllkomm», sagen die Appenzeller.

Underfucked?

«Gibt es schon Ergebnisse von der Technik zum Laptop?»

«Ja, aber nichts Spannendes oder Auffälliges, das uns endlich weiterbrächte.»

«Stell mir bitte die gröberen Vorfälle der letzten 65 Jahre in der Mühlenenschlucht zusammen, zurück bis zu der Geschichte mit dieser Anna Lebruellement. Bin gespannt, was da zum Vorschein kommt.»

«Das gibt dann aber allerhand zu tun, gell.» Kraienbühl war nicht extrem begeistert von der neuen Aufgabe. Das «Rennen» heute musste nun halt ohne ihn laufen. Vorübergehend. Ausnahmsweise. Andererseits: Verrennen konnte er sich auch später noch.

Obwohl: Keine Rendez-vous mehr, kein Sex in den nächsten Tagen, zwei Wochen? Oder noch länger. Trocken! Vollständig.

Eine gefühlte Ewigkeit.

Horror.

«Hast du sie eigentlich mal gefickt?», fragte Kraienbühl im Gegenzug. Zur Strafe. So ganz nebenbei.

Freche Siech, der Kraienbühl, der stellt Fragen, die stellt man nicht.

Häfeli schwieg. Und dachte nach. Wie so oft. Ein guter Ort, sein Büro, um nachzudenken.

Gerüchte, Gerichte, Gerüche.

Gerüchte gibt es immer.

Und jederzeit.

Was heißt hier Ficken? Eigentlich ein unverschämtes Wort. Schamlos. Vulgär. «F…» tönt grob, rechthaberisch, selbstherrlich. Das Wort für die Tätigkeit wurde zwar häufig, und immer öfters verwendet, auch in der Schweiz und am Fernsehen sowieso, die Deutschen taten das schon immer, Ficken, und die Kids heute immer früher, na ja, – obwohl, etwas zotig, wenig liebevoll blieb der Terminus, zumindest für Häfeli. Und technisch. Theoretisch? Ich-zentriert, machtbesessen, besitzergreifend. So oberflächlich. Und dann auch noch als Schimpfwort im Einsatz, als Fluch absolut degoutant!

«Fack ju Göhte».

Ein Film. Für Jugendliche geeignet.

Aber sonst? Ficken ist ok. Oder doch lieber wieder zurück zum Vögeln? Alle Vögel sind schon da. Gell.

Österreicherinnen – generell meist wesentlich charmanter als Schweizerinnen (und Schweizer), sagen Schnackseln, was ein rechtschaffener Sankt Galler oder ein Urner kaum versteht. Von Begreifen war nicht die Rede.

Nie.

Auch Urnerinnen sind schön.

Hetero-normativ betrachtet.

Und ihr Dialekt sowieso.

Is ja Wurscht!

Wäre die Frage für einmal nicht so zu stellen, akademisch, unverfänglich und unvoyeuristisch: Hat sie sich ficken lassen, durfte ich sie ...? Ein Geschenk. Auch wenn's dann freudlos daherkommt. Habe (oder hätte?) tatsächlich nicht *ich sie*, sondern *sie mich* … Sie hat mich gefickt! Wer hätte das gedacht?

Unglaublich.

Unvorstellbar!

Eine erstaunliche, geradezu ungeheuerliche Wende für ein in solchen Lagen doch stark reduziertes männliches Wahrnehmungsvermögen – im Liegen fast unmöglich.

Angekratztes Ego.

Oder wollte sie schwanger werden?

Wir werden sehen. Dann.

Und zahlen.

Vielleicht.

Ausserdem wäre noch zu fragen, wer da temporär underfucked gewesen war, wer verführte wen – oder nicht? Wo sitzt oder liegt der Schwarze Peter, die Schwarze Petra? Nackt. Die Frage sei immerhin erlaubt. Nicht?

Obwohl: Das wagte nun wirklich niemand niemanden zu fragen.

Wo blieb da die Diskretion? Also bitte!

Bitte gerne.

Let's do it again.

Auf dem Pult des Polizeivorstandes?

Schön breit.

Die Beine gespreizt.

Nimm mich!

Fort mit den Akten.

Aufklatschen am Boden.

Zerknittert.

Schweiss.

Überall.

Und überhaupt!

Kratzspuren. Auf dem Rücken. Rot.

Schön rot.

Let's do it again!

Und wenn plötzlich jemand ins Büro käme, Maria, die Putzfrau. Paul Huber, nicht der Komponist[19], der treue Amtshausgeist? Freiluft-Dieterle, der Polizeivorstand, persönlich. Mit einem beliebig unsinnigen Auftrag, zu dieser Stunde. Wie üblich.

Die Kratzspuren leuchteten verräterisch, schmerzten ein wenig, süss, irgendwie. Die Weihnachtsbeleuchtung vor dem Fenster glitzerte noch. Auch der Wein in den Adern. Und im Glas.

Fröhlich.

Sollte ich nachschenken?

Romantisch oder hart?

Heiss.

Nochmals.

Wenn, wenn …

Waren.

Wer ist die Ware?

Der Gegenstand könnte sich zu Wort melden, sich verlieben, schwanger werden und nicht abtreiben, Vater werden wollen, eine Klage einreichen, klebrig werden.

Zahlvater! Ziehvater. Oder doch Zuchtvater?

Ausgebootet. Ausgewechselt. Ungefragt und unnachvollziehbar. Zur Pistole greifen? Oder was weiss ich.

Unanständig, diese Gedanken. Unanständig.

Und inflationär.

Ärger ohne Ende.

Vielleicht hätte es Spass oder gar Freude gemacht? Beiden.

Sich zu lieben.

Oder dann eben die Klage am Hals, statt ein Kuss?

Lippenstift am Hemd.

---

[19] *1918 – 2001, Komponist und Dozent für Gesang und Klavier an der Kantonsschule Sankt Gallen. Nach ihm wurde ein Pärkli inklusiv Büste am Rosenberg benannt bzw. jene dort aufgestellt, in Personalunion mit dem anderen Sankt Galler Komponisten mit fast demselben Namen: Ferdinand Fürchtegott (nicht Früchtegott) Huber (1791 bis 1863). Eine praktische und schnelle Lösung.*

Dann geht es dir an den Kragen. Eine tolle Rauferei mit dem gehörnten Lebensabschnittsgefährtenloverloser – das fehlte gerade noch.

Vielleicht wäre es schön gewesen.

Vielleicht.

Die Lösung?

Für alle.

Oder bloss Kokain.

Liebe.

Für die Katz.

Wie auch immer.

Voyeure an den Galgen. Ab in den Kleiderschrank, ins Gepäckfach. Oder aufs Fundbüro? In den Kühlschrank!

Nein. Der Galgen, das war früher.

Im Galgentobel.

Das Galgentobel ist schön. Im Osten der Stadt. Heute ohne Galgen. Offiziell. Wild.

Trotzdem.

Gott sei Dank.

Häfeli wischte die für die Lösung des Falls wenig relevanten Gedanken mit einer ärgerlichen Handbewegung weg. Obwohl: Spannend waren sie schon, diese Gedanken.

Und die Spuren?

Pause.

Schlamperei.

«Wir sollten uns beeilen!»

Doch Kraienbühl war schon längst gegangen.

«Freche Siech!»

Häfeli blieb sitzen, in seinem heimeligen Büro an der Neugasse. Weihnachtssterne erhellten die Gasse. Fahles Licht. Fahle Gesichter. Erinnerungen - ebenso fahl? Ärgerlich, süss, peinlich, erotisch, gefährlich, penetrant, rustikal, spannend, wild, tief, gutartig, verblendet, verführerisch. Schön!

Wie wäre es im neuen Polizeigebäude an der Vadianstrasse, wenn es endlich fertig gebaut wäre, überlegte er. Alles viel heller, die Wege kürzer. Modern! Erfolge stellten sich schneller ein – quasi von selbst und eloquent? Sie hatten wieder mal Verspätung, die Baufritzen, und nicht nur diese. Häfeli presste die Lippen zusammen – das Kommissariat 2 brauchte unbedingt einen Erfolg. Möglichst bald.

Die Stadtpolizei hätte den Neubau schon längst beziehen sollen, aber nicht können. Der großzügige Neu-/Umbau, geplant vom renommierten Architekturbüro H.&H., Hauser und Hofer aus Burgdorf, war ins Stocken geraten. Kostenüberschreitungen drohten, Ungemach und Durcheinander. Vor allem aber Bauverzögerungen. Häfeli sollte es recht sein, er war nicht in Eile. So blieb das Pult des Polizeivorstands an seinem Ort. Wie gewohnt. Und harrte der Dinge.

Der Stadtrat trat – nein, nicht zurück, ein in Sankt Gallen an sich und pauschal völlig unüblicher Vorgang, auch wenn er berechtigt gewesen wäre – trat immerhin überraschend hart auf die Bremse, mit langer Bremsspur und Nebengeräuschen. Später soll es ein Disziplinarverfahren gegeben haben und der damalige Stadtbaumeister knallte den Bettel hin. Weshalb genau wurde nicht öffentlich. Es muss auch nicht alles öffentlich sein. Oder werden. Wir sind doch genügsam in Sankt Gallen. Diskret und vorsichtig. Oder einfach nur unbedarft, und etwas feige?

«H.&H., Hanswurst und Hofnarr», murmelte Häfeli. Er hatte das aufgeblasene und eitle Architektengespann nie gemocht. Fettige Haare, immer mit schmierigem, schwarzem Kittel, fette Rechnungen und fettige Sprüche.

«Das dauert wohl noch einige Zeit, meine Pensionierung kommt mir da nicht mehr dazwischen, sagen wir fünf Jahre noch? Es wird Untersuchungen geben, ein Verfahren, wegen der Verspätung und der Kostenüberschreitung. Prozesse? Item. Ich habe Zeit.»

Der Kommissar schaute auf die Neugasse hinaus. Gedankenverloren. Obwohl: Neu war da wenig! Sein Blick schweifte zurück, blieb an einem Bild hängen: General Guisan. Der General war mal. Sein Assistent, Kraienbühl, hatte ihm das Bild zu seinem 50. Geburtstag geschenkt, fein gerahmt, aber mit dem Konterfei von ihm, Häfeli. Sauber hineinmontiert. Wenn man an der richtigen Stelle drückte, ertönte der General Guisan-Marsch. Schmissig. Martialisch. Häfeli blieb jeweils sitzen.

Der General musste gehen. Häfeli durfte bleiben.

Häfeli lächelte: D'Chraie isch und blibt en Witzbold. En liebe Siech. Schön, dass ich ihn bei mir habe!

Manchmal, wenn Büttikofer, im Militär Major – weiter ging's nicht – in sein Büro kam, was selten war, drückte er wie zufällig auf den Bouton, worauf sich der Adjunkt rasch verflüchtigte, wenn die Marsch-Musik dröhnte. Meist brummend oder leise fluchend, der Adjunkt. Einmal in Gang gesetzt, war der General nicht mehr zu bremsen, ausser, man zog ihm den Stecker raus.

Ein toller Schmäh, nach wie vor. Obwohl: Häfeli war kein Militärkopf. Das schon gar nicht!

Aber gab's da nicht noch den Oberst Schummler-Marsch, der Schummler, der diesen Marsch für sich komponieren liess? Den Oberst Grüsel-Marsch, na ja, und viele andere. Häfeli war auch bei der Musik heikel. Eigentlich. Durchschnittsware mochte er nicht.

Psychogramm.

Häfelis Vater war Pfarrer gewesen, einer unter vielen, reformiert. Profiliert und eigenständig, kein Windfänger und Traumtänzer, der aber irgendwann mit der Entwicklung «seiner Kirche» nicht mehr zu Rande kam.

Leiden als Passion.

Wieviel Leiden erträgt ein Mensch?

Wieviel davon macht denn überhaupt noch Sinn?

Leiden ohne Ende, bis er sich neu verliebte – seine Frau war schon Jahre tot.

Krebs.

Eine schwierige Ehe.

Ist Krebs immer dann die Lösung, wenn es keine andere Lösung mehr gibt?

Im Leben.

Ein Abschied in Raten.

Brutal.

Auch Häfeli hatte seinen Zenit längst überschritten, war auf dem Abstieg und wusste das. Durchaus. Eine Leiter brauchte er dazu nicht mehr. Und den Sarg müsste er ja nicht mehr selbst besteigen. Besteigen? Ach was!

Chabis!

Den Abstieg vom Säntis hatte er immer anstrengend empfunden, in die Knie und Oberschenkel fahrend wie eine Teufelin. Er verzichtete inzwischen gerne darauf.

Häfeli war immer auch gutgläubig gewesen. Vielleicht zu gutgläubig.

Das Wetter konnte sich überraschend schnell ändern, in Sankt Gallen. Und in manchen Köpfen.

Häfeli liebte Reisen, allein oder mit Freunden, früher, als er noch jung war.

Häfeli liebte die Natur. Möglichst pur. Ohne Chemie.

Häfeli liebte vor allem auch Musik. World. Blues. Klassisch. Rock. Hart. Alles durcheinander. Ein Durcheinander wie auf seinem Pult. Züri West und Dürrenmatts *Lotti* (für ihn: *Tränen am Neuenburgersee*), Bach und die Kummerbuben. Manche sagten, er sei ebenfalls ein Kummerbub. Manchmal. Wer weiss das schon immer so genau.

Theater. Sich verkleiden, tatsächlich am Mohrenball, an der Fasnacht, oder mental. Andere Rollen, Rollenspiele. Vesteckis. Suchen und finden.

Lachen.

Das Beste im Leben überhaupt!

Lachen.

Häfeli täuschte sich hin und wieder, obwohl er sich auf seine Menschenkenntnisse eigentlich verlassen konnte. Meinte er, und sich auch etwas darauf einbildete. Bei Frauen täuschte er sich häufiger als ihm lieb war. Nicht immer, aber immerhin.

Häfeli liebte Frauen. Nicht immer. Und immer weniger. Ohne das Ufer zu wechseln. Gratwanderungen.

Nicht uninteressant.

Loslassen.

Chabis, würde er (vielleicht) dazu sagen.

Oder schweigen.

Schweigen wurde immer wichtiger, oder schwieriger, eine Alterserscheinung? Unfruchtbare Diskussionen ärgerten und ermüdeten ihn zunehmend. Ausser mit Gipsy, seiner Katze. Ein liebes, lustiges Katzenmädchen, das vor allem dann nervte, wenn es sich schnurrend und erwartungsvoll auf seinem Laptop oder auf der Zeitung zur Ruhe setzen wollte. Schwarz wie die Nacht, mit einer weissen Schwanzspitze und mit weissen «Rücklichtern» an den Pfoten. Häfeli liebte Katzen, seit seiner Kindheit, obwohl er nie eine bekam.

Katzen sind elegant. Selbstbewusst. Authentisch. Das ist bei Menschen nicht unbedingt und immer so. Vielleicht sind sie elegant.

Vielleicht.

In seinem Innersten war Häfeli irgendwie religiös, kein Frömmler. Lebte mit Gottvertrauen. Kein bigotter Gsundbeter oder Stündeler[20]. Werte waren ihm wichtig – auch wenn inzwischen viele verschwunden, überlagert, wegdisponiert, vergraben, verramscht und verraten worden waren. Oder gerade deshalb. Ein antiquierter Geselle. Tatsächlich? Ein verkappter Philosoph? Ein Original.

Ja. Häfeli liebte Traditionen. Geschichte und Geschichten. Weise Männer und Frauen, die (für ihn) nicht mehr existierten, verstorben, verloren, vergessen, und die er zunehmend vermisste. Deren

[20] *Dialekt: Sektierer.*

Weisheit Last und Bürde nun auf ihm lastete? Zentner schwer. Manchmal beschäftigte ihn das, meist jedoch nicht.

Manana es otra dia.

Das Leben ist schön, zweifellos!

Er liebte die Jahreszeiten mit ihrem Charme, ihren Farben und Düften, den Mond mit seinen Rundungen – hijo de la luna. Farbige Bäume und Blumen, Eiszapfen und Bikinis. Ein Leben ohne ausgeprägte Jahreszeiten war für ihn undenkbar – hoffentlich blieben sie noch etwas bestehen. Einheitsbrei? Kein Thema!

Häfeli, ein Freak? Vielleicht. Früher. Heute selbst Oldtimer nur noch ein Oldtimer-Freak, der seine Fridas liebte, die Nachfolgerinnen seiner Dyane 6, eine veritable Rostlaube, inzwischen längst auf dem Autofriedhof versorgt. Du meine Güte.

Schwerenöter mochte er nicht. Streng waren die. Immer wieder dieselben Leiern. Leiereien ohne Ende. Oder war er eben doch ein bisschen, also nur ein ganz kleines bisschen, ein Schwerenöter, wie die meisten Sankt Gallerinnen und Sankt Galler? Und ein zünftiges Lästermaul, das auch noch. Aber meist augenzwinkernd.

Häfeli war dennoch meist fröhlich und voller Witz und Satire. Wortgewaltig, wenn er wollte, und die Schweine nicht anwesend waren. Soviel zu den Perlen.

Häfeli hasste Bonzen, Diktatoren, Falschspieler – von all dem gab es immer mehr, wie es ihm schien. Schmuck und teure Uhren – Gefühls-Ramsch, um sich sichtbar zu machen. Aufzutrumpfen.

Klassenprimus war er nie gewesen.

Umso besser!

Peinlich?

Statt grandios.

Nein danke.

Damit konnte Häfeli gut leben. Er liebte das Vorspiel, mit Worten, drängte sich jedoch nie in den Vordergrund, von Natur her war er eher scheu. Mit Menschen wollte er nicht spielen, aber mit Worten.

Mit seiner Katze, Gipsy, seine Prinzessin, spielte er gerne. Sie liebten sich. Beide. Auf ihre Weise. Obwohl es dabei viele Kratzer gab. Sie waren sich ähnlich – seelenverwandt?

So. Jetzt kennen Sie den Sankt Galler Polizeikommissar Bertold Häfeli etwas besser. Und seine Crew. Im Sankt Galler Amtshaus. Im Sankt Galler Nebel. Und wenn Sie ihn trotzdem und immer noch nicht verstehen?

Dann ist es auch egal.

Doch weiter im Text. Zurück ins Amtshaus.

Dort wartet Arbeit.

Eine Tote. Eine junge Frau. Ein Problem.

Gabriela Kürsteiner.

Ertrunkenerdrosselt. Oder so.

Nach dem sie Sex hatte.

Schwarze Gestalten.

Spät am Abend. Auf dem Marktplatz und in der Neugasse waren nur noch wenige Menschen unterwegs, hasteten nach Hause, der Abendverkauf war wieder mal ein Flop gewesen, gähnende Leere in den Beizen, zum Ärger der Gewerbler und Restaurateure, das Wetter trüb und der Himmel grau. Von Weihnachts-Hype keine Rede. Einige Passanten hasteten der Bushaltestelle Calatrava am Bohl zu, nur Trunkenbolde beiderlei Geschlechts fühlten sich hier fast immer bier- und schnapsselig wohl, weitgehend toleriert und wie zu Hause, trotz der lästigen Bise, wollten sie jedenfalls noch nicht zurück – in die Leere. Kommissar Häfeli war bereits daheim. Eingeschlafen. Vor dem Fernseher.

Geister?

Im Amtshaus brannten noch vereinzelt Lichter, Putzteufel und Putzfeen waren noch am Werk, die städtischen Angestellten meist schon zu Hause, 16:00 Uhr war längst vorbei. Bürohengste beim Bier, eventuell, oder bei der Familie, irgendwo und langweilten sich weiterhin. Aber nicht alle. Einigen war es noch nicht verleidet, sie hatten noch nicht aufgegeben. Geistige Emigration ist eine Passion – und weitverbreitet. In Stuben und Amtsstuben, auch bei Privaten.

Hausgeist Paul Huber, «Facility-Manager» nennt sich das heute, saß nach dem anstrengenden Tag in seiner Wohnung im fünften Stock des Amtshauses, über den Büros gelegen, und wollte gerade seinen abendlichen Beruhigungstee trinken, als es an der Wohnungstüre Sturm läutete. An sich nicht unüblich; entweder war da einer, der spätabends noch arbeiten wollte und sein Pult nicht öffnen konnte, jemand, der den Büroschlüssel nicht mehr fand und vergessen hatte, die Kerzen abzulöschen – bald war erster Advent. Schliesslich riefen sie, wie immer in solchen Fällen, Paul an – Paul Huber, wie erwähnt nicht verwandt mit dem gleichnamigen Sankt Galler Komponisten, oder seine Frau, die guten Seelen des Amtshauses. Unbezahlbar. Und immer da, wenn man sie brauchte – wie der Geist aus der Flasche. Kreativ und positiv.

Trotzdem war Paul überrascht über den späten Besuch. Wer störte diesmal, dachte er, als er den alten Schlüssel drehte. Knarrend öffnete sich die Türe, und er blickte in das verängstigte Gesicht einer seiner Reinigungshelferinnen, wie nennt sich das heute korrekt: Raumpflegerinnen. Oder wieder mal etwas Englisches?

Was denn los sei, fragte er. Die Frau antwortete verlegen und verängstigt, zupfte an ihrer Schürze herum: «Äh, wie soll ich beginnen? Also, äh …, in diesem Haus spukt es!» Sie habe eine Schwarze Gestalt in einem wallenden Kleid, einem weiten Umhang gesehen, die nicht hierher gehöre.

«Das kann nicht sein», hörte sich Paul sagen, «ich bin schon seit über 20 Jahren im Amtshaus und habe hier noch nie einen Geist entdeckt. Auf jeden Fall keinen richtigen.» Originale schon, und Spinner, Bürokraten – in letzter Zeit hatte es immer mehr davon, woher das wohl kam?

«Aber Geister? Das wird ja immer toller!»

Es sei vielleicht gar kein Geist, sondern ein Mensch mit einer schwarzen Kutte, und der erscheine seit einiger Zeit, immer wieder!

«Das hast du dir sicher eingebildet.»

Die Putzfee verzog beleidigt den Mund. Schmollte.

Pause.

«Du hältst mich für verrückt? Nein, nein, Maria, meine Kollegin vom dritten Stock, hat die Gestalt auch schon gesehen, und das mehrmals …, im Gang, frage sie selbst.» Einmal sei ihr die Schwarze Gestalt sogar im Traum erschienen. Vielleicht ein Zauberer? Oder ein Wüstling. Er schreite bedächtig durch den Gang, murmle etwas vor sich hin und verschwinde dann plötzlich, wohin wisse sie nicht.

Jetzt war sich Paul nicht mehr so sicher, ob an der Geschichte nicht doch was dran war, oder ein schlechter Scherz? Lausbubentricks? Ein Dieb im Amtshaus? Eher unwahrscheinlich, zu dieser späten Stunde.

«Maria hat ihn auch schon im Keller und bei den E-Bikes gesehen, draußen im Hof. Ich war vor dem Büro 311, um aufzuräumen. Plötzlich sah ich die Schwarze Gestalt, sie kam von unten, lief an diesem Büro vorbei und verschwand im Dunkeln. Sie sah aus wie der Tod, im Fernsehen. Fürchterlich!» Die Frau schauderte, schüttelte sich.

«Hast du verstanden, was sie sagte», erkundigte sich Paul.

«No, solo un poco, ein wenig. Von einem Toten, glaube ich, habe nix alles verstanden. Aber: Er oder eine sie mit tiefer Stimme, trug Kopfhörer in den Ohren.» Die Putzfee wollte nicht mehr allein in den Keller hinunter gehen.

Paul ging voraus.

Wer versteckte sich in der Stille der langen Gänge, schlich schaurig leise herum, leistete sich einen Scherz, verängstigte die Putzfrauen. Und wozu? Ein wirrer Geist, der keine Ruhe findet oder die Arbeit nicht lassen kann? Ein Spinner – oder gleich mehrere? Aus dem Amtshaus, oder jemand, der sich nachts hier einschliessen lässt? Paul wunderte sich, besichtigte neugierig den «Schadenplatz» und traf – niemanden! Er beschloss, die Sache morgen seinem Freund, Kommissar Häfeli, zu erzählen. Auch der würde sich wundern!

«Vielleicht hat Häfeli eine Idee.»

Taubenjagd.

«Alles Chabis! Und so was glaubst du?», regte sich Häfeli auf. Paul sass zerknittert vor dessen Pult.

«Meine Putzfrauen sind verängstigt, irgendwas muss dran sein an der Sache. Könntest du nicht…, der ‚Geist' erscheint immer Montag und Mittwoch, so ab 20 Uhr …, meist im 3. Stock.»

«Auf die Lauer legen, sollen wir uns, das fehlte gerade noch», polterte Häfeli. «Wir haben ja sonst nichts zu tun.»

«Wir könnten uns in zwei Schichten aufteilen, und schon heute Abend beginnen, heute ist Mittwoch», sagte Paul.

«Das weiss ich auch! Kraienbühl, könntest du …?»

«Also, äh, das ist jetzt wirklich schlecht, ich treffe …»

«Hast also ein Rennen? Schon gut, dann gehe ich hin.»

«Nein, Laura, sie ist heute bei mir, wir kochen gemeinsam. Ich freue mich darauf!»

«OK. Und du Paul, räumst wieder mal mit den Tauben auf. Bitte. Die Viecher gehen mir dermassen auf die Nerven! Du hast doch noch dein Gewehr ...»

Auch Paul Huber freute sich.

Häfeli hasste Tauben. Stringent verscheuchte er eine dieser unmöglich fetten, dauernd überfütterten Adipositas-Fliegern von seinem Fenstersims, manchmal frassen sie dort Kraienbühls Pausenbrot auf, worüber sich dieser fürchterlich aufregte.

Selbst schuld!

Gelegentlich klopfte Häfeli kräftig und möglichst überraschend an die Fensterscheibe, manchmal fast zu hart, aber meist hielten sie, die Scheiben, um diese freudvoll vor sich hin gurrenden, alles verscheissenden Wesen, die ihn mit ihrem blödsinnigen Singsang wahnsinnig nervten, zu vertreiben; na ja, erwürgen durfte er sie nicht, diese Ratten der Lüfte. Andere versuchten es präventiv, mit einer Plastik-Krähe. Gerade jetzt sassen sie wieder in Kompaniestärke auf dem Marktplatz, eilten von allen Seiten hinzu – jemand hatte einen Sack voll Brotstückchen auf den Boden geleert. Ein Gutmensch.

Die Nacht verlief ruhig, keine Schwarzen Gestalten, nichts Bemerkenswertes. Obwohl, um fünf nach Neun hörte er einige Gewehrschüsse.

«Herrgottsack!» Häfeli schreckte auf, beinahe wäre er eingeschlafen. Das klang doch wie eine Jagdflinte.

Paul kam mit einigen toten Tauben daher, und fragte …

Lassen wir das.

«In die Kehrrichtverbrennung, los, ab damit!»

Um 22 Uhr ging Häfeli verärgert nach Hause. An der Bushaltestelle sah er ein Plakat: «Der Schwarze Abt», nach dem Kriminalroman von Edgar Wallace, im Innenhof des Historischen Museums, beheizt und mit Glühwein, gratis, der Glühwein.

Da könnten wir hingehen, die gesamte Familie, das wird sicher spannend! Häfeli mochte Edgar Wallace, die gespenstischen und morbiden Geschichten in Londons Nebel, an der Themse oder in irgendwelchen Abwasserkanälen. Klaus Kinski. Schaurig bis schauderhaft. Oder gar ekelhaft? Obwohl, über Tote sollte man nicht … Genau!

Kultur-Haudegen.

Häfeli mochte die alten Schweizer Haudegenkommissare, schräge Figuren mit schwarzem Humor, allen voran Glausers Studer, Schneiders Hunkeler – nein, nicht des ehemaligen Bundesrats, Dürrenmatts Bärlach, nicht zu verwechseln mit Bärlaus, Bärlauch im Wald oder bärbeissigen Stuten.

Oder Philip Maloney und sein schrulliger Kommissar im Pensionsverfahren, leicht verwirrt, aber immer noch taff und jederzeit für einen Gag oder eine Verwechslungskomödie gut, jeden Sonntagmorgen auf SRF3 zu hören. Wie hiess der eigentlich?

Namenlos genial und immer träf. Fast immer.

«Die Welt ist aus den Fugen geraten!»

Häfeli wunderte sich. Die meisten dieser Kommissare waren Berner, arbeiteten in der Stadt Bern, kamen noch ins Oberland oder nach Biel, im besten Fall. Und in der Ostschweiz war wieder mal tote Hose.

Die Basler hatten ihren HD-Läppli, etwas in die Jahre gekommen, aber immerhin, und früher das wahre Feldschlössli, die Romands ihr Frankreich, den Jura-Béguelin und Jean Ziegler, auch so ein schräger Vogel, mit gewissem Format, gut, etwas umtriebig und laut. Speziell. Durchaus. Die Bündner hatten Heidi und den Geissenpeter, ihre Gerstensuppe und Schellen-Ursli, die Tessiner die Schwarzen Brüder. Und die Lega.

Na ja. Immerhin.

Hinzu kamen noch die Staus am Gotthard.

Und Sankt Gallen? Den Nötzli. Ein Buchhalter.

Bravo!

Die HSG. Und früher den Jäger. Die Furglers und Oehlers.

Und was auch immer noch mehr.

Eine kulturelle Einöde?

Eine Tragödie.

«Üble Sache.»

Gut, Glauser hatte seinen Kommissar zwecks Hochzeitsfeier seiner Tochter ins Appenzeller Land geschickt und daraus ergab sich ein Fall. Aber sonst? Sankt Gallen spielte jedenfalls in jenem Krimi nicht eigentlich eine Rolle.

Soviel zu Realsatire, spontanen Lachern und No Billag[21]. Nicht alle mögen Maloney, und Häfeli auch nicht, das war er sich bewusst. Sankt Gallen – oder die ganze Schweiz, eine Realsatire? Mit einer Luftwaffe, die nur während der Bürozeiten einsatzfähig ist, vorausgesetzt, wir brauchen überhaupt eine Luftwaffe. Ohne gäbe es allerdings weniger Abstürze. Ein Running Gag, meist unfreiwillig!

Schon wieder ein Running Gag.

Ein Furz im Universum.

Wen sollte das kümmern?

Gott.

Vielleicht.

Lebte der noch, oder war es ihm verleidet?

Er meldete sich nie.

Also.

A propos Billag und Sparen: Etwas mehr Sparen und Haushalten, wie meine Mutter das konnte, täte den Verwaltungen, dem Hochbauamt, dem Schweizer Fernsehen, den fröhlichen Sesselfurzern in den Ämtlis schon gut, dachte Häfeli. No Billag – eine Wohltat? Vielleicht. Wieviele Sparprogramme hatte er in der Verwaltung

---

[21] Billag trieb im Auftrag des Bundes die Radio- und Fernseh-Empfangsgebühren ein, welche per Volksinitiative im März 2018 abgeschafft werden sollten. Die Initiative wurde mit knapp 72% abgelehnt. Ab 2019 wird diese Aufgabe von der neu gegründeten Firma Serafe wahrgenommen.

schon überlebt? Bestens. Angesichts des angekündigten Spardrucks wurde dann noch mehr und dafür teurerer Wein getrunken, hiess es. So musste es auf der Titanic zu und her gegangen sein. Am Ende. Vor dem Absaufen.

Sparen als Credo. Obwohl ... Von knausrigen, bankrotten Krankenhäusern, todkrank, wollte Häfeli lieber nichts hören – klar, zu viele Landspitäler hingen am Infusionstopf des Kantons. Häfeli griff sich an die Hüfte, ein Sulzer-Gelenk in Sicht.

Den Service Public kampflos abschaffen?

Und dann nur noch Berlusconi-TV?

Sicher nicht!

Soll ich mir jetzt einen Grappa einschenken?

Häfeli verzichtete, ohne Murren.

Seiner Leber zuliebe.

Ohne sich mit Bärlauch & Co. vergleichen zu wollen, auch nicht mit Gnädinger als Kommissar Hunkeler. Nein. Mit zunehmendem Alter neigte Häfeli eher zu mehr Demut als früher – ein Wort, das heute nicht mehr viele kennen, auch nicht im Tal der Demut, wieder so ein seltsamer Name, nahe der Stadtgrenze zum Appenzeller Land. Wo früher die «Käuflichen» standen. Hotpants und schwarze Strümpfe. In der Nacht, bei fast jedem Wetter. Immer präsent und dienstfertig.

Devot.

Für Geld.

Wie wir alle.

In Demut. Oder fast. Oder nicht.

Häfeli interessierte sich für vieles, ausser für Sport. Vielleicht noch für die Resultate, des zyklisch und phasenweise notorisch schlingernden Fussball-Vereins in Sankt Gallen – oder jene der Nationalmannschaft. Im Übrigen hielt er sich da an Churchill, spätestens seit sein Sportlehrer ihn in der Sekundarschule erwischt hatte, als er nur dreimal statt der geforderten fünfmal die Kletterstange in der alten Bürgli-Turnhalle hochgeklettert war. Optimieren der Kräfte, könnte man sagen. Seien wir ehrlich, man sollte auch beim Sport nichts übertreiben.

Wäre Churchill fünfmal die Stange hochgeklettert?

Eine Zigarre, eine Puro Cubano, das wäre jetzt noch was, das Richtige! Von mir aus auch Rössli, Brissago oder Villiger. Nur eine einzige. Seine Parisienne, die gelben, starken, hatte er beerdigt. Bevor sie ihn beerdigten.

Glückauf!

Spott und Witz, gelegentlich auch Charme, blieben ihm treu. Immerhin. Obwohl die Kreise längst begonnen hatten, sich zu schliessen. «Sehet zu, dass ihr nicht bei den Spöttern sitzet», hatte er kürzlich gelesen. Aber auf alles wollte er nun auch wieder nicht verzichten. Freiwillig. Auf Spotten und Witzeln schon gar nicht, gell!

Bücher waren für Häfeli, nebst Musik, das Salz in der Lebenssuppe. In beidem liess sich wunderbar versinken. Und dann, dann waren da noch die Frauen. Ein Permanenträtsel.

Wahrlich.

Obwohl: Kreuzworträtsel waren seine Sache nicht. Je länger je weniger.

Und Sex?

Na ja. Keine Suppe ohne Salz. Und nicht zu dünn. So geht das. Gerne Meersalz.

Das Salz auf den Sankt Galler Strassen im Winter reichte hingegen vollständig! Manchmal waren die Strassen schneeweiss, auch ohne Schnee. Aber auch da waren sich nicht alle einig – die Experten schon gar nicht.

Weshalb sollten sie auch?

Ungepolstert.

Edgar Wallace‘ Abwasserkanäle erinnerten Häfeli daran, dass er sich von seinem Freund Rolf Fischli, der in der Bauverwaltung für Weiher, Bäche und Kanäle zuständig war, die unterirdisch fliessende Steinach zeigen lassen wollte, Sankt Gallens Innereien, mit allen Perspektiven, Folgen und Überraschungen. Fischli und Häfeli waren durchaus unterschiedlich gestrickt.

Häfeli war erkältet, Nase dicht, das traf sich gut. Vielleicht finde ich dort unten etwas, das mich einer Lösung näherbringt? Und Kraienbühl soll sich doch auch mal mit dieser «Unterwelt» auseinandersetzen, mit der vierbeinigen.

Am Montagabend setzte er sich wieder auf die Lauer, vor dem Empfang des Polizeivorstandes, EFD, vor Lena Rabenschwarz Bölsterlis Büro, auf den Besucherbank. Hart und ungepolstert, wie im Untersuchungsgefängnis, das auch im Amtshaus untergebracht war. Da sass er nun, wie die Katze vor dem Mausloch. Denken Katzen eigentlich über die Mäuse nach, die sie gleich zu fressen beabsichtigen?

Manchmal hörte man Untersuchungsgefangene schreien. Manchmal brachte sich einer um die Ecke. Und am Morgen erschien dann Wellenberg mit seinem Gehülfen, einem Juristchen, dem die Juristerei zu bunt und zu grell geworden war.

Kein gutes Zeichen.

Manchmal war es auch ruhig.

In der Nacht.

Im Amtshaus.

Zu ruhig!

Manchmal auch tagsüber.

Paul Huber brachte Häfeli eine Bratwurst[22] und ein Bürli. Und einen Süssmost, fiftyfifty, den hatte es doch immer am Kinderfest gegeben. Als Bub in kurzen Hosen. Endlich war er alleine. Vorne im Gang sah er die Putzfrau. Sie winkte ihm zu.

Er lehnte sich zurück und schloss die Augen – einen Moment lang nur, meinte er. Bis ihn ein Geräusch weckte, es entfernte sich, zum Ende des Gangs hin. Häfeli rieb sich die Augen, verdammt: Die haben sich nicht getäuscht: Gemessen und etwas theatralisch schritt eine Gestalt in schwarzer Kutte dem Lift zu,

---

[22] *Kalbsbratwurst, schön braun gebraten, ein Sankt Galler Wahrzeichen. Nach einem Rezept der Metzgerzunft von 1438.*

brabbelte irgendetwas vor sich hin, vermutlich ein Mann. Mittelgross. Schwarze Schuhe. Rote Socken.

«Halt, stehen bleiben, sofort!», dröhnte der Kommissar durch den klösterlich leeren Gang und rannte der schwarzen Kutte hinterher, die soeben im Lift verschwand. Wohin diese fuhr konnte er am Lifttableau nicht ablesen, vermutlich ins Parterre, oder in den Keller. Er rannte die Treppe hinunter, wäre beinahe über einen Kleiderbügel gestrauchelt, fluchte – und stand im Parterre. Niemand in Sicht. Nur der Geruch von Tabak schwebte in der Luft. Beim Eingang ins Amtshaus gab es ein schönes Tabakgeschäft – Gesundheitsprävention erster Güte, einen Coiffeur, bei dem sich früher die Chefbeamten die Haare während der Arbeitszeit schneiden liessen, und ein Schuhgeschäft mit mordsteuren Galoschen. Für Leute mit Stadtratshonorar. Solange er da nicht selbst hineinmusste, oder mit seiner Frau, um danach tief in die Tasche zu greifen, störte ihn das nicht weiter.

Häfeli schaute in den weitläufigen Kellergewölben nach und entdeckte auch hier nichts Auffälliges. Business as usual. Auch die alte Heizung arbeitete wie gewünscht. Keine Selbstverständlichkeit. In kalten Wintern.

Die Schwarze Gestalt war ihm offenbar entwischt. Immerhin gab es nun Gewissheit. Paul hatte recht, Paul würde sich freuen. Morgen. Im Büro. Dann.

Nicht nur auf weisse Weihnachten.

Weihnachtskater.

Zu Hause gab es trotz der späten Stunde Reibereien mit Sabrina wegen der Geschenke, das Weihnachtsfest näherte sich unaufhaltsam. Schnell. Viel zu schnell. Vorher mussten wieder Pakete und Kärtchen versandt werden. Dann Lieder singen, ungewollt, heile Welt vorgaukeln – und erst die Verwandtenbesuche. Mein Gott.

Ein Höhepunkt.

Höhepunkte?

Altmodisch.

Häfeli hatte noch kein einziges Weihnachtsgeschenk eingekauft, und auch keine schlauen Ideen.

Aufhören damit! So haben wir weniger Stress. Zeit. Zeit für Gespräche. Geschichten. Und was weiss ich.

Narrenschiff.

Sabrina sah das völlig anders. Das mit den Geschenken. Häfeli erinnerte sie an das Affentheater im letzten Jahr, ihn schauderte: Ein Weihnachtspaket nach Deutschland, problemlos, würde man meinen, die Post macht's möglich. Via Konstanz oder Genf, Basel, Saarbrücken? Oder München, ist doch näher bei Nürnberg, am besten selbst hinbringen, womöglich mit dem Velo. Oder eben doch in Konstanz aufgeben? Zum halben Preis, viel schneller, und günstiger.

Letztes Mal kamen die Wollsocken als nicht zustellbar retour. Sehr ärgerlich. Angeblich war an der dortigen Adresse in Nürnberg kein Briefkasten, oder am Briefkasten kein Name, oder nicht der richtige. Oder weiß der Herrgott was. Jedenfalls trafen die Socken nicht am Bestimmungsort ein, im Gegenteil, sie kamen wieder zurück. Mit der Post, nicht zu Fuss. Für 25 Franken. Und die Häfelis mussten sie nochmal senden. Nochmals 25 Franken Porto.

Dafür gelangte der Dresdner Stollen via Spanien nach Sankt Gallen. Aber erst zur Fasnachtszeit. Staubtrocken. Und spindeldürr.

«Nein. Ich versende keine Weihnachtspakete mehr. Fertig Schluss!»

Oder die Geschichte mit der Wunderkerze – Häfeli schmunzelte: Kraienbühls Grossvater lud Kinder und Enkelkind zum harmonischen und fröhlichen Fest der Liebe, in dessen Verlauf er für Laura, sein bisher einziges Grosskind, wie er bei jeder Gelegenheit betonte, eine Wunderkerze anzünden wollte, in Erwartung grosser Freude und leuchtender Augen. Leider entglitt sie ihm unverhofft, die Wunderkerze, wunderbar sprühend und zischend fiel sie auf das trockene Tannechres[23] – und wusch, stand das Wohnzimmer in Flammen! Rasch stieg der Grossvater in den ersten Stock, er ist noch gut zu Fuss, das schon, um dort einen Kübel Wasser im Bad zu holen. Inzwischen rauchte es aber bereits dermaßen wunderbar, dass man die Hand nicht mehr vor den Augen sehen konnte – der arme Großvater kam nicht mehr die Treppe herunter, musste oben bleiben und von der Feuerwehr mit einer Drehleiter evakuiert werden. Schwierig genug für den alten Mann, auf die Leiter zu klettern.

In der Stube sah es derweil übel aus – eine Russhöhle, überall Wasser und Schmutz, alle Räume im Erdgeschoss waren unbewohnbar geworden, die Augen von Laura gross, aber sie leuchteten nicht mehr. Und ab mit dem gutmütigen, reumütigen Grosspapa ins Hotel, oder direkt ins Heim? Ist ja nur für einige Wochen. Schönes Fest.

«Und den Christbaum streichen wir auch noch», murrte Häfeli.

Sabrina sagte nichts mehr dazu, sie würde den Christbaum wie jedes Jahr organisieren, ohne grosses Aufheben, und auch die kleinen Geschenke. Ende der Durchsage.

Die Ehe war doch eine gfreute Sache. Kürzlich hatte Häfeli im lokalen Intelligenzblatt, das zumindest im regionalen Bund, seit das Lektorat aus Kostengründen nach Moldawien oder Kasachstan ausgelagert worden war, geradezu vor Fehlern strotzte, gelesen, die Ehe in ihrer schönsten und stabilsten Form reduziere den Konkurrenzkampf zwischen Männern in urbanen Gebieten. Voilà! Das ist ja wundervoll. Und dämpft wohl die Kosten. Fragt

[23] *Dialekt: trockene Tannenäste, schnell brennbar.*

sich nur wo. Häfeli wunderte sich nicht mehr. Oder war das auch wieder so ein Fauxpas des Lektorats?

Weiter stand in diesem Artikel, ein römischer Beamter habe bereits 100 Jahre vor Christus festgestellt, die Ehe sei zwar, wie alle wüssten, eine stete Quelle des Verdrusses, trotzdem müsse man aus realem Bürgersinn (dennoch) heiraten.

Da war doch noch was, mit Heiraten und so. Nein, nicht die Scheidung, das kam dann später, aber meist frühzeitig, wenn gelegentlich auch unverhofft. Vor allem, seit Frauen so richtig Gas geben konnten, und wollten, aus welchen Gründen auch immer.

Ah ja, Häfeli erinnerte sich wieder, es dämmerte ihm im Oberstübli: *Die Ehe – ein Narrenschiff,* Ehekarussell und Geisterbahn? Genau, diese Kulturreise nach Nürnberg, mit Sabrina, da kamen sie am Ehekarussell-Brunnen vorbei, Ludwigsplatz, hiess der Ort, nahe beim Weissen Turm. Nürnberg hatte ihm sehr gut gefallen, insbesondere die Brunnen, und das Ehekarussell im Besonderen: Szenen einer Ehe. Mit Teufel und Skelett, der Tod naht, nach Freude und Voll-Lust – oder Wollust. Vollweiber, vollbusig und nackt. Männer auch, etwas weniger vollbusig, aber etwas fettiger; das interessierte ihn weniger.

Der Bock ist nahe.

Das Liebespaar im Schwanennest!

Cool und kuschelig.

Für immer?

Wo hatte er das Heft über dieses sonderbare Ehekarussell und das Narrenschiff in Nürnberg, das verschiedene Phasen der Ehe, Liebe und Hass, eindrücklich darstellte, nur hingelegt, verlegt in irgendein Büchergestell, wahrscheinlich. Zu Hause oder im Büro? Er wollte es unbedingt hervorsuchen. Gelegentlich.

Häfeli war mindestens auf den ersten Blick nicht überorganisiert, sei es im Büro und auch nicht zu Hause. Oft etwas zerstreut. Manche sagten, er sei ein Chaot.

Licht in der Nacht.

Weihnachten stand vor der Türe. Seit Wochen bemühten sich die Mitarbeiter der Stadtwerke, die Weihnachtsbeleuchtung zu montieren, mit Kranwagen, Hebebühnen, Sterne in fahlem Licht an die Drähte zu hängen, welche während des gesamten Jahres die Altstadt verhängten, verdrahteten, verunstalteten und viele verärgerten, so auch Häfelis Lieblingsnachbarn. Gottfried P. Hugelshofer, Bankdirektor und Oberst im Generalstab, die Generalnervensäge und seine Frau, Trudi, sowie die pensionierte Sängerin und Sammlerin von Weihnachtsschmuck aller Art, Dorothea Engels, begannen frühzeitig und meist zeitgleich, ihre Gärten zu schmücken. Aufzurüsten, wäre wohl richtig gesagt. Überkandideltes Mini-Disneyworld.

Nun ja, Weihnachten kommt immerhin jedes Jahr. Dagegen ist nichts einzuwenden. Wie hiess die städtische Weihnachtsbeleuchtung schon wieder: aller Schrott, alter Stern, aller Unfug, aller Engels Gnaden vor dem Verlöschen? Billig war das Projekt nicht gewesen, soviel war definitiv. Und am Dreikönigstag begannen die Stadtwerke wie jedes Jahr damit, die Lichterpracht wieder auf Paletten zu versorgen, zu verschachteln, fein säuberlich geordnet und durchnummeriert. Mit riesigem Aufwand. Voller Vorfreude auf die nächste Weihnachtsparty.

Glücklicherweise spaltete bisher noch keiner dieser Sternenschweife einem darunter flanierenden, sich zufällig in Weihnachtslaune befindenden Passanten den Kopf. Vorsicht, es könnte auch eine Passantin treffen.

Bliebe noch über den Christbaum vor dem Kloster zu frotzeln, meist eine möglichst grosse, aber kommune Rottanne, die Hinz oder Kunz aus seinem Garten günstig wegbedingen wollte, die dann immer gegen Ende November per Helikopter angeflogen und anschliessend von KunstgewerblerInnen mehr oder weniger fantasievoll geschmückt wurde, um am ersten Advent eingesungen zu werden. Wieso über Christbäume lästern, es gab ja genug davon, im Wald, und in neuerer Zeit auch immer mehr aus Plastik, Feuer abweisend, in der Tendenz, aber doch grün, immergrün sogar, und kostensparend auch noch.

Allerhand.

Auch über den Sankt Galler Weihnachtsmarkt, der leider ebenfalls nicht so richtig vom Fleck kam – wie die erhoffte Heirat der Stadt mit den Agglomerationsgemeinden – liesse sich trefflich weinen. Das Ambiente fehle, verglichen mit anderen Weihnachtsmärkten, ausser am überfüllten Glühweinstand. Da war Ramba Zamba angesagt, OLMA-Feeling, wie am Sankt Galler Fest und anderen lokalen Paarungsanlässen.

Weil der Weihnachtsmarkt nicht, wie immer wieder verlangt, zum Kloster hinaufführte, zum UNESCO Weltkulturerbe? Na ja. Das war dem Bischof doch alles zu nahe bei seiner Residenz. Touristen kämen ohnehin nur wenige. Und die Sankt Gallerinnen gehen ebenso ohnehin fremd: In Basel, Konstanz, München, Strassburg. Oder wo auch immer.

Aber nicht in Sankt Gallen.

Und was hat denn Saufen mit Weltkultur zu tun – und mit Weihnachten?

Nichts. Gar nichts.

Auch nicht am Weihnachtsmarkt. Dieser gut gemeinten Lichterbühne. Mit vielen Kerzen, und anderen Statisten.

Also gut.

Gut riecht es hier, nach Glühwein, Gerstensuppe und Grappa. Zimt. Nach Würsten und Chäschüechli. Tannechres und Tannezapfe.

Nach Hektik, verlorenen Ideen, gescheiterten Beziehungen und noch nicht geborenen Geschenken.

Merde.

Gefühle. Romantik. Friede.

Frieden?

Geplant. In diesem Theater.

Vielleicht nächstes Jahr?

Nach Weihnachten.

Immerhin.

Inhalte?

Nach Inhalten fragte heute ohnehin kaum mehr jemand. Häfeli konstatierte das immer wieder. Konsterniert. Vor allem das rasche Zunehmen dieses Phänomens überraschte, erschreckte. Und machte ihn traurig.

Wo er recht hat, hat er recht, der Bischof.

Welcher Bischof denn? Jener aus der Kathedrale oder der sankt gallische Eventmanager, Willfried-Roger Bischof-Staubler, zuständig für das Sankt Galler Fest, das Kinderfest und andere, auch für den Weihnachtsmarkt und seinen Ableger auf dem Gallus-Platz, an zwei Samstagen vor Weihnachten.

Ein Last-minute-Bischof.

Kein Event in Sankt Gallen ohne den Bischof.

Dieser Bischof hatte Häfeli gebeten – man kennt sich doch schon seit Jahren – vermehrt ein wachsames Auge auf diese Weihnachtsmärkte zu werfen. Taschendiebe, Vagabunden, Störefriede. Bettler. Grabscher und Grabscherinnen, wie an der OLMA. Auch das noch. Unkontrollierbare Saufgelage seien der weihnachtlichen Stimmung – und dem Geschäft natürlich auch, abträglich. «Und unserem Motto: *Sankt Gallen – der schönste Weihnachtsmarkt der Schweiz!»,* meinte der Bischof. Der andere. Der Event-Bischof.

Häfeli hatte vermehrte Kontrollen in Zivil angeordnet. «Und du bist ja auch öfter vor Ort. Wenn was ist, und du einen Verdacht hast, ruf mich einfach an, gell», sagte er zum Bischof.

Na ja. Offenbar musste das sein.

Weihnachtsgeschenke sind Frauensache.

Basta.

Frauen können das besser, haben die besseren Ideen. Haben ein geschicktes Händchen. Für das wesentlich Unwesentliche.

Weihnachtsmärkte sind Frauensache.

Romantisch halt.

Auch ohne Schnee.

Daher gehen auch Männer hin.

Wenn Brunstzeit ist.

Oder Brotzeit.

Brotzeit ist auch Frauensache.

Oder nicht?

Und dann diese Überraschung! Häfeli erkannte einen pensionierten Kollegen aus der Stadtverwaltung, der am Weihnachtsmarkt vor dem Waaghaus stand und musizierte, mit seinem Schwyzerörgeli, traurige, wehmütige Lieder spielte, ein fast leeres Kässeli vor sich auf dem Boden: *Hab oft im Kreise der Lieben ..., Feliz Navidad, Oh Tannenbaum* und andere Weihnachtslieder.

Ohne Gesang.

Kommerz? Offensichtlich kam es von Herzen.

Hansjörg, mit seiner Handorgel, vor sich die Sammelbüchse mit einigen Franken. Weshalb er das machte? Plötzlich sah er ihn mit völlig anderen Augen. Ein Hans'örgeler. Ein ewig Trauriger ..., oder brauchte er das Geld?

Häfeli vergass zu schmunzeln. Zu kalt war es. Und verschwand im nächsten Bus, der daherkam. Unerkannt. Die traurigen Bilder im Kopf, gemildert nun doch durch ein leises Lächeln.

Hansjörg hätte es wohl nicht derangiert.

Am Montag nach dem ersten Advent hatte Kraienbühl über Mittag zu einem kleinen Umtrunk vor dem Christbaum auf dem Klosterplatz geladen, per E-Mail, mit einem schönen Neuenburger Weisswein, Zimttee, Kaffee, wie er ankündigte, rechtzeitig. Alte Cliquen oder wie das Sprudelzeugs hiess, mochte er nicht. Das war doch nichts für Männer.

Kraienbühl hatte alles zusammen mit Häfeli vorbereitet, auch Apéro-Gebäck, und nicht zu knapp. Geizig war er nicht, Kraienbühl, auch wenn er kein Geld hatte, wie andere auch, so knapp vor Weihnachten. Geburtstag im Dezember, daher die Einladung. Als Samichläuse verkleidet warteten sie auf die Gäste. Doch leider erschienen nur wenige Freunde und Kollegen, auch einige aus der Bauverwaltung, und ein paar Uniformierte, nicht einmal alle engsten Mitarbeiter, dafür der Bischof. Der Eventmanager. Allerhand! Einige Passanten und Touristinnen genehmigten sich ein Glas – und waren willkommen. Freiluft-Dieterle, der seinen Mittagsschlaf zünftig zelebriert hatte und erst weit nach 15 Uhr auftauchte, entschuldigte sich wacker und wortreich bei Kraienbühl.

Der Wein gefror, das Gebäck erkaltete.

Und die Herzen?

Auch einige Stammkunden der Gassenküche kamen, ungefragt. Die meisten der nicht erschienen geladenen Gäste hüllten sich später in Schweigen oder hatten faule Ausreden parat.

«Ab mit dem Gebäck und Zeugs in die Gassenküche, als vorzeitiges Weihnachtsgeschenk. Nehmt's alles mit.

Fröhliche Weihnachten!»

War der Termin ungünstig gewählt?

Kraienbühl war ein bisschen traurig. Mehr als ein bisschen, wenn er ehrlich war.

Weihnachts-Mobbing?

Schwamm drüber.

Weihnachtsferien. Wenn sie den Fall Gabriela Kürsteiner bis dahin gelöst hatten, sonst …

Häfeli und Kraienbühl trafen reichlich verspätet im Amtshaus ein, beschwipst. Aber zufrieden. Und entspannt. Eine Realsatire vom Feinsten, und sie hatten sich zu guter Letzt doch noch amüsiert. Viel gelacht – der Neuenburger schmeckte hervorragend. Feiern im kleinen Kreis. Fast intim. Auch wenn keine Frauen dabei waren.

Ja, das funktioniert.

Tatsächlich.

Nun ja, Geburtstage sind nicht so wichtig. Es sei denn, es ist der eigene? Sein Geburtstag war Häfeli ziemlich schnuppe, ebenso der Valentinstag und der Vatertag. Und der Hochzeitstag?

Alles Chabis.

Gschäftlimacherei.

Plastiksternesternenplastik.

Sankt Gallen – die Sterne-Stadt, die Stadt der Lichter, der Vor-Freuden, die Stadt der Selbstzufriedenen, der Unzufriedenen, der Selbstverliebten, Abgrenzler gegenüber dem Rest der Schweiz und der Welt – ohnehin. Aber Weihnachten, das Fest der Nächstenliebe, oder was war da eigentlich los, das feiern wir auf jeden Fall. Wie immer. Jedes Jahr – auch wenn der Sinn dieses Festes drohte, im Nebel der Oberflächlichkeiten, im Meer der Gschäftlimacherei und der Partyszenen zu verschwinden.

Abzusaufen.

Und danach folgte der Weihnachtskater. Mit Sicherheit.

Als Kind hatte sich Häfeli, mit Ausnahme der Verwandtenbesuche, immer auf Weihnachten und den Samichlaus mit seinem Jutesack, mit Nüssen, Schokolade und Mandarinli gefreut; dann gab es erstmals Mandarinli – ein Ereignis. Und später auch noch, als Roberto und Patrizia klein waren.

Vorfreude. Überraschungen. Stille.

So viel Freude, die Kinder zu überraschen, ihr Vertrauen zu spüren, ihre Lebhaftigkeit, ihre Fragen zu beantworten.

Geheimnisse.

Wer war das Christkind, und wann kam es? Was brachte es mit, und für wen? Wer versteckte sich hinter dem langen Bart des Samichlaus? Doch das war schon lange her.

Weisse Weihnachten, weisse Strassen und Wege?

Ein Traum.

Selten genug.

Dank den Salzstreuern des Strasseninspektorates und der Klimaveränderung dominierten grünbraun und grau. Mittlerweilen waren die Überraschungen seltener geworden, dafür anstrengender.

Endzeitzauber.

Oder Eiszauber? In Sankt Gallen. Die winterliche Erlebnislandschaft auf der Kreuzbleiche mit erheblichem Energieaufwand zum Schlittschuhlaufen in grüner Umgebung, vom November bis zum Januar, 2018 erstmals realisiert – mit Erfolg, zur grossen

Überraschung und zum Ärger von Sparfüchsen, Mutlosen und professionellen Verhinderern. Sankt Gallen flüstert sich Mut zu.

In Sankt Gallen tut sich was.

Häfeli glaubte, für seine beiden Kinder ein guter, liebevoller Vater gewesen zu sein, nicht nur an Weihnachten; auch wenn er nicht immer zu Hause war, war er präsent, versuchte, sie zu Selbständigkeit und Eigenverantwortung zu erziehen. Seine Familie schien ihm diesbezüglich gut aufgestellt zu sein.

Doch wer versteckte sich hinter der Schwarzen Gestalt im Amtshaus? Wohl nicht das Christkind. Ein Spinner, der irgendwas Übles im Schilde führte, der gar die Stadtverwaltung hochgehen lassen wollte, ein Attentat auf einen der Stadträte plante, vielleicht auf den Schulvorstand?

Ein interner Autist.

Ein Triebtäter.

Ein Sittenstrolch?

Ein Stadtrat.

Ein Witzbold.

Oder eine eifersüchtige Frau?

Die eifersüchtige Frau eines Stadtrates!

Der eifersüchtige Mann einer Stadträtin!

Ein Schlafwandler, dem der Büroschlaf zu viel wurde.

Ein Gefangener des Untersuchungsgefängnisses, dem es gelang, sich selbständig zu machen.

Wer weiss.

Mitten in der Nacht.

Allein.

Im Amtshaus.

Unheimlich.

Wie und wann auch immer.

Aber seltsam war es auf jeden Fall. Dieses Phänomen.

Diese Schwarze Gestalt.

Und die Weihnachtsgeschichten.

Doch wo waren wir stehen geblieben?

Morde und Mörder.

Pendent. Alles pendent. Keine Lösungen. Keine Verdächtigen. Keinen Plan.

«Wir müssen der Sache nachgehen, möglichst rasch, dürfen das nicht unterschätzen.» Der Kommissar seufzte. Morgen früh hatte er «Rapport» bei seinem Chef, dem Polizeivorstand. Freiluft-Dieterle würde sich nach dem Stand der Dinge erkundigen.

Ergebnisse. Erfolge. Erfreulichkeiten. Waren gefragt.

Was denn sonst.

Fragen. Geheimnisse. Leerläufe.

«Kommen Sie vorwärts mit Ihrem Fall?», erkundigte sich Stadtrat Freiluft-Dieterle bei seinem Kommissar, bereits leicht ungeduldig, und strich sich gedankenverloren über die Glatze.

«Mit welchem?»

«Ja Herrgott ine, haben Sie denn mehrere? Erzählen Sie, ich muss über alles Bescheid wissen. Sie verstehen. Wenn's dann politisch wird, darf ich wieder ran, he, und die Suppe ausbaden, äh, auslöffeln.»

«Es gibt noch nichts auszubaden», antwortete Häfeli lakonisch. «Wir werden Sie rechtzeitig informieren, wenn es so weit ist. Warten Sie nur ab …»

Keine Skandale!

Lena kam zur Türe herein und fragte, ob die Herrschaften Kaffee wollten, etwas schnippisch zwar. Aber ihre Lippen leuchteten bezaubernd rot.

Ripasso-rot.

Ein Endzeitzauber-Saft.

Doch irgendwann ist der Zauber vorbei. Nicht?

EFD scheuchte Lena mit einer Handbewegung zur Türe hinaus, wie eine Taube. Wusch.

Häfeli hätte schon gewollt.

Dann halt nicht.

Schade.

«Wo waren wir, beim Auspacken …» Freiluft-Dieterle blätterte zerstreut in einem Dossier.

«Ausbaden war das Thema, Weihnachten ist erst in zwei Wochen», berichtigte Häfeli. «Ausbaden!» EFD zog die Augenbrauen verärgert in die Höhe.

«Wir haben mehrere Fälle, das ist sicher, wie viele weiss ich selbst noch nicht. Täglich kommt etwas Neues hinzu – nur wenige Antworten, keine Lösungen, immer neue Fragen.»

«Sputen Sie sich, junger Freund», sagte Freiluft-Dieterle. «Sputen Sie sich, bevor uns die Medienfuzzis die Bude einrennen! Ja genau, und ich möchte, dass Sie mich ab sofort *zweimal* pro Woche über den Stand der Ermittlungen informieren. Mindestens. Morde haben hier in Sankt Gallen lange Beine. Priorität! Und vor allem: Ich will keine Skandale. Also, ran an die Lena, äh …, an die Lina, die Sache pressiert. Auf Wiedersehen.

Und viel Glück.»

Häfeli knallte die Türe zu, so, dass man es im ganzen Haus hören konnte. Sein täglicher Weckruf in den Gängen. Das musste sein. Was dieser Freiluft-Dieterle mit den langen Beinen wohl meinte, brummte er in seinem Büro, und legte die Beine aufs Pult. Ein Kalauer! Von seinem eigenen Gedankenblitz erschlagen – das passierte einem erfahrenen Stadtrat eigentlich nie. Meistens waren diese mit ihren Sprüchen doch ziemlich treffsicher. Auch wenn sie daneben waren – oder lagen.

«Chabis.»

Kraienbühl ging auf den erneuten Chabis nicht ein und berichtete von einer weiteren Vermisstenmeldung, diesmal sei ein 29-jähriger Mann verschwunden, Kevin Twerenbold, Metzger, wohnhaft an der Metzgergasse 11[24], der im Klosterbezirk zum letzten Mal gesehen wurde, als er im *Drahtseilbähnli* eine heisse Schokolade trank. «Ohne seinen Hund, den er gewöhnlich dabeihatte. Offenbar hatte er auf jemanden gewartet; ob diese Person tatsächlich erschienen war, konnte die Wirtin nicht sagen – der Laden sei krachend voll gewesen. Erfreulich.»

«Nein, nicht schon wieder ein neuer Fall», stöhnte Häfeli. «Hoffentlich weiss EFD noch nichts davon, der wird doch schon nervös, sobald mal was in diesem Hause läuft. Sorry, Kraienbühl, das war nun etwas gar zynisch, aber der Alte geht mir auf …, na ja, du weisst schon: ‚Wenn's dann politisch wird, und so …!'

Was wissen wir bisher?»

---

[24] *Die Metzgergasse ist auf der gegenüberliegenden Seite von St.Laurenzenkirche und Klosterbezirk zu finden, in der Nördlichen Altstadt (eben nicht in der Südlichen). Diese ist noch besser erhalten, auch Eckhäuser durften hier überleben. Sie war lange Zeit etwas morbid und verwahrlost und entwickelt sich immer mehr zu einem Bijoux, mit allen Konsequenzen - und vielen Partysuchenden.*

«Nicht viel!»

«Ich schlage folgendes Vorgehen vor, was meinst du?»

Kraienbühl meinte gar nichts mehr. Es roch hier penetrant nach Überstunden. Und das so kurz vor den Festtagen. Mehr als ärgerlich!

«*Erstens* schauen wir gemeinsam die bisherigen Verbrechen in der Mühlenenschlucht durch, retour bis 1952. Wie weit bist du mit den Akten, gibt es etwas Auffälliges? Da ist doch noch diese, wie hiess sie schon wieder, Anna Le Beurre?»

«Lebruellement, wenn wir genau sein wollen», sagte Kraienbühl. «Und wir sind doch genau!»

«Ja, ja, natürlich, ich erinnere mich. Gibt es irgendetwas Interessantes, eine Parallele, eine verwandtschaftliche Beziehung, was ist mit dem Vater geschehen, und der Mutter? Item.

Zweitens checken wir nochmals die Daten der Bewohner der St.Georgen-Strasse 47, gibt es da wichtige Spuren?

Drittens, was ist mit der Schwarzen Gestalt im Amtshaus? Finden wir hier einen Zusammenhang? Eine unmögliche Geschichte.

Viertens, haben wir Erkenntnisse aus der Fachhochschule?»

«Das können wir vergessen.» Kraienbühl rümpfte die Nase. «Jetzt und sofort! Gabriela Kürsteiner fiel in keiner, wirklich in keiner Weise auf, ich habe das abgeklärt – sie hatte einige hübsche Kolleginnen, manche mit Immigrationshintergrund, aber blass. Grundsätzlich. Nicht körperlich, das nicht, aber überraschend wenig Profil, ich meine, eher laut als leise, eher commode glismet[25] als profiliert. Jedenfalls gibt es dort nicht eigentlich eine Spur: Vergessen! Oder wir treffen uns alle wieder mal in der *B-Post,* für ein Bierchen, oder zwei?»

«Muss nicht sein. Weiter jetzt!

---

[25] *Dialekt: gewöhnlich gestrickt.*

Fünftens, oder in umgekehrter Reihenfolge – wenn's ‚brennt', schauen wir uns den neusten Vermissten genauer an. Hoffentlich kommt der Knabe wieder zum Vorschein. Ich meine natürlich wohlbehalten. Das würde die Sache gewaltig erleichtern.

Also, an die Arbeit.»

Tatsächlich hatte Freiluft-Dieterle vom neusten Fall noch keinen Wind bekommen. Gott sei Dank, der reagierte immer so aufgeregt, cholerisch, demotivierend. Sie setzten sich an den langen Besprechungstisch und begannen zu arbeiten.

Unaufgeregt, aber zielstrebig. Das war das Ziel.

«Was hast du bisher über die Mühlenenschlucht und ihre Verbrechen herausgefunden?»

«Äh», Kraienbühl räusperte sich.

Pause.

«Äh, also, die Sache ist die. Nicht wahnsinnig viel, nichts eigentlich Spannendes: Nötigung, Raub, Begrabschen, versuchte Vergewaltigungen, einige vollzogene, die Täter wurden erwischt, und verurteilt. Diebstahl. Eine alte Frau, die in die Steinach stürzte, ein Unfall infolge Herzschwäche, zweifellos. Lupenrein. Eher unspektakulär das Ganze, kein richtiger Mord, nix dergleichen, bis auf die verschwundene Anna Lebruellement. 1952 wie vom Erdboden verschluckt, keine Leiche, keine Utensilien, nur ihre blaue Lederhandtasche ist irgendwann wiederaufgetaucht, allerdings ohne Dokumente, Pass und Identitätskarte; aussergewöhnlich, nicht? Und immer wieder kommt dieser alte Frachter vor, die Eduardo Largo und ihr dubioser Kapitän.

Doch lies selbst, ich habe dir die Akten mitgebracht. Allerdings: Einen Zusammenhang mit unserem aktuellen Fall sehe ich hier keinen!»

«Bist du sicher?» Häfeli begann in den Akten zu blättern, las da und dort etwas. Und legte sie beiseite. «Hast wohl recht, ich lese das später. Oder zu Hause. An der Weihnachtsfeier, oder so. Packen wir lieber das an, diese bunte Schar!»

Häfeli zog die Liste der Mitbewohner von Gabriela Kürsteiner hervor:

1 G.K. +.
2 Jean Kummer, Student.
3 Berta Flammer, keine Berufsbezeichnung.
4 Patrice Federerova, Unternehmungen.
5 Pippa Johannson, Übersetzerin.
6 Leopold Federspiel, pensionierter Kantonsschulprofessor.

«Wer findet den König im Königskuchen? Der König oder die Königin kommt erst nächstes Jahr, am 6. Januar; und dann gleich drei auf einmal. Aber was wissen wir jetzt schon, was hast du bisher entdeckt?»

Überraschungen.

«Nicht viel, aber auch nicht nichts, hör' mal zu.» Kraienbühl fasste kurz zusammen: «Wir haben Fingerabdrücke und Spuren von allen gefunden, ausser von Pippa Johannson, der Übersetzerin, und von Berta Flammer. Überall in der Wohnung, auch auf der Toilette, von Jean Kummer und Leopold Federspiel sogar im Bad. Die haben das problemlos zugegeben, nur diese Frau Johannson behauptet, nie in der Wohnung der Kürsteiner gewesen zu sein. Mag ja sein. Und Frau Flammer kann sich nicht mehr erinnern – gspässig, nicht? Ich glaube, die Kürsteiner hat sie nie in die Wohnung gelassen, weil die ihr einfach zu gesprächig, zu aufdringlich war.»

«Wo arbeitet Frau Johannson?» Häfeli erkundigte sich nach weiteren Details: Zivilstand, Herkunft, Eltern etc.

«Ledig, ursprünglich Finnin, 34 Jahre alt. Eingebürgert. Selbständig erwerbend, gemäss Steueramt. Sie übersetzt Texte vom Finnischen ins Turkmenische, und umgekehrt. Eine eher brotlose Sache. Attraktiv. Ich meine die Frau.»

Pause.

«Der Student Jean Kummer hatte kurze Zeit ein Verhältnis mit Gabriela Kürsteiner, sie sind etwa gleich alt – auf Dreilinden sei es passiert, nach einem Nacktbad in der bereits geschlossenen Frauenbadi, im Chrüzweiher[26], an einem Sonntagabend im Sommer, die Holzplanken seien noch warm gewesen.»

«Von mir aus!» Häfeli kannte das Frauenbad bestens. Obwohl sich dort nur Frauen von der Sonne küssen lassen durften, allenfalls noch ihre Kinder. Eigentlich.

«Er, Kummer, habe dann noch mehr gewollt, immer wieder, und noch mehr, bis es ihr zu viel wurde. Sie beendete das ‚Intermezzo', so habe sie es bezeichnet. Er hingegen meinte, es sei Liebe. Enttäuscht und zurückgewiesen. Ich glaube, er hat es immer noch nicht überwunden. Eine Fata Morgana, ist mir auch schon passiert. Oder mehrmals. Dir auch?» Kraienbühl angelte sich ein Kägifret.

«Die Rentnerin Berta Flammer hat das Haus fest im Griff, übrigens eine Fastnamensvetterin von dir …, lieber Bertold.» Kraienbühl lächelte hämisch. «Sie überwacht, unentgeltlich, wie sie immer wieder betont. Selbstlos. Und absolut exakt, als pensionierte Archivarin in der Stadtbibliothek. Um der Sache und der Sicherheit willen. Nein, sie sei nicht übertrieben neugierig, ein bisschen vielleicht. Und auch nicht penetrant. Penetrieren sei nie ihr Ding gewesen.

Berta Flammer hat eine gute Position im Haus, optisch meine ich, vom Balkon aus und auch mit Blick zur Haustüre, von innen, im Treppenhaus. Und sie ist diejenige, die am längsten in diesem unmöglichen Haus wohnt und alle und alles kennt. Aber wirklich helfen kann sie uns nicht, entweder machte sie gerade ihren Mittagsschlaf, mindestens eine Stunde, so liessen sich Falten im Gesicht radikal reduzieren, vor allem auch dank der Gurken-/Avocado-Maske – ein Wundermittel; wäre das nicht auch was für dich, Chef?»

Dieser winkte lustlos ab: «Knallfrosch! Weiter. Wirklich nichts Spannendes?»

«Oder sie sitzt vor dem Fernseher, der dann nicht zu überhören ist», beendete Kraienbühl den Satz doch noch.

---

[26] *Kreuzweiher, Dreilinden.*

«Doch, jeden Donnerstagabend, nach 22 Uhr, sei der pensionierte Kantonsschulprofessor, Altphilologie und Römische Geschichte, zu Frau Kürsteiner in die Wohnung gekommen. Und jetzt kommt's: Dabei trug er immer einen roten Plüschbademantel … So ein Flauschiger. Und rote Plüschpantoffeln. Etwas gar auffällig, nicht?»

«Und Frau Kürsteiner, was hatte denn die an, wusste unsere fröhliche Pensionistin darüber auch etwas zu erzählen?»

«Leider nein. Sie habe lediglich gehört, dass sich die beiden jeweils küssten, wohl auf die Wange, der ‚alternde Mann', wie sie ihn bezeichnete, und zudem ‚wohl auch noch ein Lüstling', habe jeweils so grusig geschmatzt. Nach gut einer Stunde, meist etwas nach 23 Uhr, sei er dann wieder die Treppe hochgekommen. Was die beiden in der Wohnung trieben, habe sie leider nicht eruieren können, sie befürchte jedoch das Schlimmste. Als ich nachfragte, was für sie denn das Schlimmste sei, hüllte sie sich in Schweigen und verzog nur vielsagend den Mund.»

«Gab es noch andere merkwürdige Gäste, männlich, jeglichen Alters und Uhrzeit. Oder Frauen?»

«Nein. Keine weiteren Erkenntnisse, nicht einmal Gerüchte. Manchmal habe der Kummer noch an ihre Türe geklopft, sie habe jedoch meist nicht geöffnet, worauf dieser, so sagte die Flammer, bekümmert in seine Wohnung zurückgekehrt sei.»

«Den alten Professor holen wir uns später nochmals. Und was ist mit dem Federerova?»

«Russland-Deutscher, spricht gut Deutsch, wohnt seit drei Jahren hier, handelt im Internet mit Seifen, Waschmitteln und Medikamenten, ist dauernd pleite und gibt sich als Eventmanager für Sportveranstaltungen aus, vor allem Curlen und Badminton, manche sagen Federball, passt ja gut zu seinem Namen, und Eiskegeln. Verschiedene Betreibungen pendent. Er lebt allein und wirkt auf mich eher unverdächtig, und ist zudem nur selten zu Hause. Nach Berta Flammer interessiere er sich nicht eigentlich für Frauen, eher Loser als Mörder. Oder ein Perverser? Pardon.»

«So gibt es also keinen Top-Kandidaten. Wäre zu schön gewesen! Diesen Federerova behalten wir in Reserve, für den Notfall, wenn alle Stricke reissen …» Häfeli rekapitulierte, was sie hatten, viel war es nicht: «Am ehesten verdächtig sind Kummer und der alte Sprüche-Sammler, die Übrigen weniger, und die alte Frau, die dicke Berta, wird es wohl auch nicht gewesen sein, tatsächlich eine hervorragende Ausbeute – na ja, der Mörder muss ja nicht unbedingt aus dem grauen Haus kommen. Aber woher sonst?

Doch aus der Fachhochschule, ein stiller Verehrer aus der Mannebadi. Aus dem Freundeskreis? Ein Zufallstäter? Wir haben absolut nichts in den Händen. Freiluft-Dieterle wird sich freuen.

Wir unterbrechen und machen nach dem Kaffee weiter, beginnen nochmals neu. Irgendwo!»

Sie setzten sich in die Cafeteria. Rolf Fischli von der Bauverwaltung kam hinzu und lud für morgen 10 Uhr zu einer Besichtigung der zwei wichtigsten Sankt Galler Kanäle ein: *Steinachdole* und *Steinachkanal*[27].

«Vielleicht entdecken wir dort unten etwas, das uns weiterbringt.» Kraienbühl zuckte mit den Schultern.

Vielleicht.

Zauber der Unterwelt.

Fischli informierte die mit Stirnlampen und Sturmwesten ausgerüsteten Polizisten ausführlich und ausschweifend über die Probleme des unterirdischen Wasserflusses, gerade auch wenn schwere Gegenstände in den Kanälen herumliegen, die Bedeutung der Kanäle für die Volksgesundheit und den Sinn der Trennung von Abwässer und Regenwasser, die Offenlegung der Bäche in urbanen Zentren. Und überhaupt.

Irgendwann begann Kraienbühl zu gähnen: «Bringen wir's hinter uns!» Endlich stiegen Häfeli und Kraienbühl unter Fischlis Führung beim Müllertor, nahe der Kathedrale, tief in die Steinachdole hinunter, den Schmutzwasserkanal, der dem früheren Bachverlauf weitgehend folgte, unter dem Volksbad hindurch bis zur

---

[27] *Die Steinachdole folgt auf Stadtgebiet ab Müllertor dem früheren Verlauf der Steinach und ist heute ein Schmutzwasserkanal – also Teil der Kanalisation. Der Steinachkanal oder –stollen führt das nun relativ saubere Wasser der Steinach auf neuem Trasse und Umwegen bis zur Lukasmühle und ins Galgentobel im Osten der Stadt und übergibt es dort dem alten Bachverlauf.*

Lukasmühle und zum Galgentobel. Dunkel, muffig, modrig. Aber immerhin im aufrechten Gang begehbar – Häfeli legte grossen Wert darauf, umso mehr, als dieser immer seltener geworden war, nicht nur im Amtshaus.

Da und dort huschte eine Ratte davon, aufgescheucht durch das Licht der starken Lampen, verschwand in einem Zulaufkanal, mager waren sie nicht, die Ratten.

Schatten. Im Licht des Dunkelns. Diverse Gerüche – manche eine Beleidigung für jede Nase. Den Männern war's nicht mehr wohl, doch keiner liess sich etwas anmerken.

Schatten. Keine Regenbogen. Abfall, Toiletten- und Entsorgungsware aller Art und Herkunft. Da eine Wurst und ein Tampon, dort Katzensand und ein Lippenstift, hier eine Ratte. Offenbar auch Koksrückstände – und nicht zu knapp, wie eine Studie gezeigt hatte. Sankt Gallen war für einmal ganz vorne dabei, Spitzenreiterin, fast. Europaweit! Higher als Basel oder Genf in ihren besten Nächten. Kein Witz! Wurden die Ratten vom kokshaltigen Urin ebenfalls high – oder hyperaktiv, insbesondere an den Wochenenden? Und kreativ.

Ein Anfang in der Imagepflege der Wirtschaftsförderung. Oder etwa nicht?

Immer diese Zweifler und Zauderer. Destruktiv!

Man sollte nicht immer so destruktiv denken, dachte Häfeli. Gell!

Wasser tropfte von der Decke, kalt war es, in diesem Loch. Die beiden Polizisten zogen sich die Mäntel enger – entdeckten aber nichts Auffälliges, in der Steinachdole.

«Wir brechen ab und gehen zurück zum Müllertor, schauen uns noch den Steinachstollen an, der ebenfalls dort abzweigt», sagte Häfeli. «Eine Patrouille holt uns ab. Eine weitere Möglichkeit wäre der Hermannstollen[28] in der Mühlenenschlucht. Sollten wir dort doch noch nachschauen, zur Sicherheit? Wäre in jedem Fall spannend.»

«Ja, gewiss. Ich kenne die Höhle, aus meiner Barzeit – war läss, viel Kerzenlicht, und Körperkontakt», sagte Kraienbühl und

[28] *Der Hermannstollen wird auf Seite 23 beschrieben.*

schwelgte kurzeitig in nächtlich-feuchten Erinnerungen. «Muss aber nicht wieder sein, wegen mir ...»

«Du meinst deine Brunstzeit? Aber ist ok, wir lassen das im Moment. Hochwasser in Sicht?»

Rolf Fischli schüttelte den Kopf. «Nein. Obwohl es in den letzten Tagen stark geregnet hat. Alles längst abgeflossen, hoffe ich ..., weggespült und verschwunden, Richtung Bodensee – mindestens die kleineren Gegenstände.»

Häfeli und Kraienbühl mochten diese Undercover-Aktionen im Unterleib Sankt Gallens überhaupt nicht. Ratte oder Maulwurf, Klempner oder Urologe? Mühsame, grusige Sucherei im Dunkeln. Beklemmmend.

D' Chraie hat's gut, dachte der Kommissar ein bisschen neidisch: Der muss nicht jedes Jahr die Prostata kontrollieren lassen – noch nicht, PSA-Werte checken, und sich in den Arsch fassen lassen, unangenehm und peinlich. «Geniessen Sie es», hatte der Arzt letztes Mal gesagt, und gelacht. Ein selten doofer Scherz. Ein Possenreisser in Weiss. Bizarr.

Manche mögen's ja. Tatsächlich.

Geschmacksache.

Na, ja.

«Auf geht's!» Häfeli verwendete manchmal andere Dialekte, wenn er gut gelaunt war, das kam vor. Häfeli hatte schauspielerisches Talent, konnte andere Menschen täuschend echt imitieren, gelegentlich wurde daraus nachäffen. In der Schule den Lehrer, später den Pfarrer, den Kompagnie-Kommandanten. Eigentlich wollte Häfeli als Kind Schauspieler werden, nicht Kommissar. Oder Clown.

Zu dritt schritten sie auch diesen Kanal ab, 2,6 Kilometer, 40 Meter unter dem Stadtboden via Krontal ebenfalls bis zur Lukasmühle, und fanden nichts Auffälliges, sahen bereits das Licht des Tunnelausgangs.

Gott sei Dank.

Bis … vor ihren Füssen etwas war, lag da ein Gepäckstück? Ein Sack? Eine Leiche, zweifellos, männlich, mit leichtem Rucksack. Orange. Und in schmutzigen Kleidern.

Auch hier sprangen einige Ratten davon.

Hässliche Bilder.

Unangenehm.

Einprägsam.

Fischli rannte zum Ausgang.

Kotzte.

Ausgiebig.

Im Licht.

Aber die Sonne war hinter den Wolken verschwunden.

Atempause.

Wellenberg holte die Leiche in seinem schwarzen Himmelsdampfer umgehend ab und brachte sie ins Kantonsspital. Rechtsmedizin. One-Way-Ticket.

Dem Himmel entgegen.

Eine erste Etappe.

Immerhin.

Ein Anfang.

Krematorium oder Erdbestattung, was darf es denn sein?

Lieber gar nichts. Im Moment.

So kurz vor Weihnachten.

Ein opulentes Leichenmahl?

Ganz schön streng.

Noch ein Festessen?

Ein Festessen zu viel. Mindestens.

Pardon.

Häfeli grauste es bereits vor der Silvesterparty, die Sabrina in Aussicht gestellt hatte. Imperativ und unmissverständlich. «Dieses Jahr feiern wir Silvester gemeinsam, mit Freunden. Das wird lustig! Nach Weihnachten räumst du einfach die Stube aus, gell! Selbständig. Vielleicht helfen dir die Kinder?»

Häfeli wollte noch gar nicht an Silvester denken.

Silvesterparty. In seinem Alter. Ein Stuss sondergleichen!

Und lustig?

Chabis.

Gute Nacht.

Getrennte Wege.

«Post da; du glaubst es nicht, aus Argentinien, via Bern», Kraienbühl legte seinem Chef einen dicken Umschlag aufs Pult. Buenos Aires – Sankt Gallen.

«Übrigens, aus der Pathologie, äh … Rechtsmedizin gibt es noch keine Ergebnisse. Sorry!»

Häfeli überflog die Dokumente – gut, dass er spanisch konnte. «Sehr interessant, wirklich bemerkenswert, das glaubst du nicht!»

Häfeli blätterte und blätterte, las, grunzte hie und da. Und schmunzelte. Und blätterte.

Leichen im Keller.

«Das ist der Hammer: Die Tote aus der Mühlenenschlucht ist plötzlich gestorben, vor einem Monat. Erinnerst du dich noch? Anna Lebruellement, 19-jährig, verschwunden in der Steinach, auf Nimmerwiedersehen. Im so strengen Winter 1952. Die Leiche wurde nie gefunden …»

«Kunststück», brummte Kraienbühl. «Kunststück.»

«Hier ist eine Kopie des Totenscheins. Herzversagen. Hoffnungslos. Ein schöner Tod.»

«Was nun, so plötzlich?» Kraienbühl wunderte sich. «Dafür haben wir eine neue Leiche – in der Pathologie.»

«Sehr witzig.»

Leichen im Keller? Das war er sich doch gewohnt, im Amtshaus. Völlig normal, und nicht nur hier. Häfeli wusste nicht exakt, wie viele es waren und welche. Vorsichtig nahm er fünf pro Stadtrat an; in zehn Jahren bei jeweils drei Stadträten – Bau-, Polizei- und Schulvorstand. In der Teppichetage machte das immerhin mutmasslich 15 «Leichen», etwas gar knapp bemessen, wie es ihm schien. Seien wir grosszügig und sagen 20 – es könnten natürlich auch 35 sein, von jenen im Rathaus, bei den Finanzern, oder den Technischen ganz zu schweigen.

Häfeli nahm sich vor, morgen den alten Zählrahmen seines Sohnes mit ins Büro zu nehmen, um anhand der farbigen Holzkügelchen einen ersten Überblick zu gewinnen und diese dann jederzeit verschieben zu können, der jeweiligen Lage entsprechend. Gedanklich. Und provisorisch. Approximativ und unverbindlich.

Früher war er mit Beda Hausammann, dem Vorgänger von Adjunkt Büttikofer, gelegentlich auf die Jagd gegangen. Ach ja, Adjunkt – die Namen der Grade änderten ständig, fast inflationär, im Moment war Stabschef «in», Adjunkt war vorgestern, die Berner Kollegen brauchen das Wort immer noch.

Auch Büttikofer gefiel die veraltete Formulierung, klar doch, aus Biel zugewandert, obwohl er sich «modern» gab – jeder konnte in der Stadtverwaltung tun und lassen, wie er wollte. Basisdemokratisch geführter Sauladen, hatte er das nicht schon einmal gehört, oder gesagt? Oder geträumt. Vielleicht.

Häfeli und der alte Hausammann waren miteinander im Keller auf Rattenjagd gegangen, wenn Not am Manne war, im Polizeiarchiv. Mit der Schrotflinte. Und da gab es dann auch einige Leichen. Grusig waren die Dinger anzuschauen. Mit den langen Schwänzen. Nackt und verlaust.

Anders als die beiden und mit durchaus farbiger Intention ging der Polizeivorstand mit einer seiner Mitarbeiterinnen in den Keller, oder gleich mit allen drei, alle rothaarig, also nicht der Polizeivorstand, einen Rotwein aussuchen, für den nächsten Apéro. Das dauerte manchmal länger, als zu erwarten gewesen wäre.

Gerüchte.

Schon wieder.

Neider und Neiderinnen?

Viele Bürofritzen hatten Zeit und Musse für anregende, frivole Fantasien. Oft. Und immer wieder. An sich harmlos. Aber doch meist während der Arbeitszeit. Hobby oder Passion, bei sinkender Ausgangsleistung?

Flirten am Arbeitsplatz, probat – ein sinnvoller Zeitvertreib. Vor dem Ausstempeln.

Einstempeln.

Doch.

Allseits beliebt.

Nicht immer.

Grundlos?

Schuldlos. Folgenlos? Glücklos.

Glückslos?

Zeitlos, das Phänomen.

Häfeli blätterte in den Akten, die er von der Kantonspolizei erhalten hatte, las weiter. Die Argentinier informierten die Schweizer Behörden über den Tod der aus Sankt Gallen stammenden Doppelbürgerin Anna Perez Lebruellement, verheiratet mit Antonio Perez, Buenos Aires, da es offenbar seinerzeit bei der Einreise Unklarheiten und Nachfragen der Schweizer Polizei gegeben hatte. Üblich war dieses Vorgehen eigentlich nicht. Über die Gründe ihrer Ausreise aus der Schweiz – besser wohl die Flucht aus dem gelobten Land – gaben die Unterlagen keine Auskunft. Einen interessanten Hinweis fand Häfeli zum Kapitän des Stückgutfrachters Eduardo Largo, mit dem Anna Lebruellement mutmasslich am 12. Februar 1952 mit ihrer Begleitung – wer das war, blieb allerdings im Dunkeln – von Cadiz nach Argentinien geflüchtet war. Der Kapitän hatte stets abgestritten, Anna Lebruellement transportiert zu haben; wenige Monate später wurde er wegen «gewerbsmässiger Schlepperei» von der argentinischen Polizei in Gewahrsam genommen und auf Druck des Franco Regimes an Spanien ausgeliefert. Dort wurde er der Mitgliedschaft einer baskischen Widerstandbewegung bezichtigt und unverzüglich hinter Gitter gebracht, wie viele andere auch.

Und heute? dachte Häfeli. Die Basken haben sich offenbar beruhigt – oder sich mit ihrer Situation abgefunden. Aber die Katalanen beharren auf ihrem eigenen Staat. Nachhaltig. Sezession liegt in der Luft. Madrid wird hart bleiben – Bürgerkriegserfahrungen hatte Spanien bereits genug gemacht.

«Und dieser Puigdemont denkt nicht daran, aufzugeben, da bin ich sicher!»

«Was erzählst du?», fragte Kraienbühl verwundert: «Putsch-Dämon, kenne ich nicht. Büttikofer plant einen Putschversuch gegen Freiluft-Dieterle, oder was?»

«Chabis! Einen Zusammenhang mit dem Mord an Gabriela Kürsteiner, fast genau am selben Ort in der Schlucht, gibt es nicht. Aber das vermuteten wir bereits. Totenscheinkopie, Todesanzeige, alles da. Offenbar hatte Anna Perez Lebruellement zwei Söhne, Raoul und Eduardo. Hier, sieh mal.» Der Kommissar reichte Kraienbühl die Todesanzeige, der dort folgendes las:

Eduardo Filipo Perez Johannson, mit Tochter Santa Magdalena, Raoul Fernando usw., und eine Litanei von Verwandten.

«Spannend, gell! Santa Magdalena, ein ausgefallener Doppelname: Heilige Magdalena. Heiligs Verdiene! Deine Tochter heisst Laura – würdest du deinem Kind als ersten Vornamen ‚Heilige' geben? Santa Laura. Eben.

Argentinien. Erzkatholisch. Argentinien ist weit weg.» Häfeli machte eine entsprechende Handbewegung.

«Das kommt alles zu den Akten Anna Lebruellement. Deckel zu. Ab in den Keller. Oder nein: Wirf das Bündel dort in die Ecke, zu den anderen Pendenzen.

Sorgen macht mir der neuste Fall …»

«Ja, wir kommen nicht recht vorwärts – und bald nicht mehr ins Bett, wenn das so weiter geht», sagte Kraienbühl. «Keine heissen Spuren, nicht mal lauwarme.»

«Ein ungelöster Fall in der Mühlenenschlucht – und 65 Jahre später taucht die Lösung auf? Das darf uns nicht passieren! Wir werden den Täter finden, oder waren es mehrere, oder sind die beiden Fälle miteinander verhängt?»

Absolut sicher war sich Häfeli dabei nicht.

«Wir müssen nochmals von vorne beginnen und auch den Toten aus dem Steinachstollen miteinbeziehen.

Voilà, das müssen wir!»

Mittagessen im Büro. Häfeli kramte aus seiner gelben Tasche einen Landjäger und eine Packung Cherrytomaten hervor, gluschtig rot, aus Italien stand da, zu Hause noch rasch gewaschen.

Senza una Donna, lief gerade am Radio, von Zucchero. Häfeli mochte Zucchero, Dalla, der auch meist runde Brillen trug,

Jovanotti, Bennato, auch Pausini und Gianna. Und Grappa. Jetzt aber war Zucchero dran. Von mir aus, sollte der doch singen was er wollte – Häfeli biss in eine Cherrytomate.

Senza Aroma, müsste es wohl heissen!

Ist doch nichts mehr wie früher, auch bei den Tomaten, als diese noch nach Tomaten schmeckten, auf der Zunge - die Nase wohltuend kitzelten. Nicht nach nichts riechen, im besten Fall, oder nach einem Chemiecocktail.

Er bot die roten Dinger Kraienbühl an, doch der wollte auch nicht, so ass er sie selbst. Mit bekümmerter Miene. Und die Erdbeeren? Dito. Wunderbar rot aus Marokko oder Ägypten, im Winter, Mangos aus Südamerika und Trauben aus Südafrika zu Unzeiten.

Aber jederzeit verfügbar.

Lachen verboten.

«Schon wieder ein Toter! Oder ist das ein Gerücht?», aufgeregt stürmte Freiluft-Dieterle ins Büro. «Und was tun Sie zwei Genies, bitte schön, Tomaten essen. Wie heisst der Mann eigentlich?» Sein Gesicht näherte sich farblich immer mehr einer reifen Tomate an. Senza Aroma, lag Häfeli auf den Lippen, er verkniff es sich, der Polizeivorstand schien für Witze im Moment nicht disponiert zu sein. Anstelle sagte er entlastend, beschwichtigend: «Es gibt bereits erste Neuigkeiten: Anna Perez Lebruellement, die tote Frau aus der Schlucht, 1952, ist nun tatsächlich tot. Sie wurde aber nicht ermordet, dieser Fall hat sich in Argentinien aufgeklärt und …»

«Das ist ja alles wunderbar, war aber nicht unser Problem», unterbrach Freiluft-Dieterle den Kommissar – und er hatte dabei zweifellos recht mit seiner Annahme. Spontan dahergeredet, wie immer, traf er diesmal ins Schwarze. Rabenschwarz.

Die Luft wurde spürbar dicker.

«Argentinien. Und was läuft hier? Nichts!»

«Das würde ich so nicht sagen», Häfeli musste erneut aufpassen, nicht zu lachen, was auch nach seiner Ansicht höchst unpassend gewesen wäre. «Immerhin haben wir einen neuen Toten, den wir übrigens sehr rasch im Steinachstollen auffinden konnten. Kevin

Twerenbold. Metzger. Von der Metzgergasse. Metzger bei Grell AG, an der Marktgasse.»

«Was erzählen Sie da und sitzen gemütlich beim Mittagessen? Wollen Sie mich auf den Arm nehmen?» EFD japste nach Luft.

Häfeli schüttelte den Kopf. Davor würde er sich hüten, auf jeden Fall, dachte er.

«Na bravo, dann haben wir jetzt also *nur* noch zwei Fälle, das ist ja sehr beruhigend, zwei Tote, ermordet, vermutlich in der Altstadt, ja, und keine Ahnung, wer dahintersteckt. Wissen Sie, was das heisst?

Die Bischöfliche Kanzlei hat schon angefragt, ob es irgendwelche für sie relevanten Ergebnisse gäbe, die sind etwas verunsichert, und vorhin rief mich die Tourismusdirektorin an, sie war sehr besorgt, das könnte sich insgesamt unvorteilhaft auf den Tourismus auswirken, es laufe ja ohnehin nicht so, wie sie sich das wünsche.»

«Positiv! Wir sind für einmal im Fokus der Medien, national ..., bald sogar international. Sankt Gallen müsste sich besser in Szene bringen, das wissen wir schon lange: *Mord im Klosterbezirk*, das ist *die* Schlagzeile, das ist Public Relation! Sich besser verkaufen, nur wie weiss niemand, sicher nicht mit der bisherigen Krämerei – nicht einmal das Gratis-Billett für den Sankt Galler Bus lag für die Hotelgäste drin. Penibel! Sankt Gallen müsste endlich wieder zu einem Label werden, einer Marke, mit oder ohne Gallus und Vadian. Nicht nur für Bratwürste. Marketing à la Appenzell wäre ein Ansatz ...»

«Reissen Sie sich zusammen, Häfeli. Lenken Sie nicht von Ihren eigenen Problemen ab», polterte Freiluft-Dieterle erbost. «Gibt es nun Resultate oder nicht? Los, los, erzählen Sie!»

«Gedulden Sie sich bis heute Abend, zuerst müssen wir noch in die Pathologie, komm Kraienbühl, wir gehen, an die frische Luft. Tut immer gut, gell. Uf wieder Güx!» Sie liessen den verdutzten Freiluft-Dieterle im Büro stehen.

«Was meinst du zu einer Bratwurst?», fragte Kraienbühl seinen Chef. «Oder wird's dir zu viel, vor der Leichenbesichtigung?»

«Nein, passt schon. Obwohl: Wir hatten doch vereinbart, etwas weniger zu essen …» Häfeli blickte an sich hinunter. «Aber von EFD lassen wir uns den Appetit nicht verderben.»

Die beiden machten sich auf den Weg zum Bahnhof, also in die entgegengesetzte Richtung, die Rechtsmediziner konnten noch etwas warten. Beim Schmid wollten sie eine Sankt Galler Bratwurst kaufen und dachten kurz daran, auch eine für Lena, den Leiter der Kriminaltechnik – Häfeli sagte lieber Spusi, was nichts mit Gspusi zu tun hat – und die Rechtsmedizinerin zu posten. Für Polizeiadjutant Tom Wichtelmann und Dr. Céline Fröhlich; sie verzichteten aber darauf, da sie die Würste nicht gut mitnehmen konnten, in die Pathologie schon gar nicht. Ihr Duft würde dort stören. Weniger die Leichen, aber vielleicht …, na, ja. Zuerst mussten sie allerdings einem Japaner erklären, wo am Sankt Galler Bahnhof der Lift zu den Perrons war, nämlich dort, wo ihn niemand entdeckte oder vermutet hätte.

So unscheinbar, so diskret.

Pathologisch?

Ziel war doch die Pathologie. Im Kantonsspital.

Sorgen im Efeuwald.

Häfeli und Kraienbühl liebten Bratwürste, Sankt Galler Würste, Stumpen, Cervelats, neuerdings in argentinischen Schweinedärmen, den Sankt Galler Schüblig. Na ja, auch eine Appenzeller Södworscht[29] war natürlich nicht zu verachten – eine Appenzellerin im Sankt Galler Wurstland. Kaum zu glauben. Häfeli war schliesslich auch etwas Sankt Galler, eine Mischung halt. Oder eher Sankt Galler? Von mir aus, würde er wohl selbst dazu sagen.

Sie setzten sich in die SBB-Lounge unter dem Treffpunkt, assen ihre Wurst und schauten den Passanten und Passantinnen zu, etwas länger als notwendig. Den gut versteckten Lift zu den Perrons benützte kaum jemand. Dann besprachen sie nochmals die

---

[29] *Appenzeller Siedewurst, sei dem 19. Jahrhundert überlieferte Wurstspezialität, mit typischem Kümmel- und Knoblauchgeschmack.*

Fakten, die sie in den Händen hielten, mehr oder weniger, und spekulierten über die möglichen Übeltäter/-innen, die sie zur Auswahl hatten.

«Kevin Twerenbold. Ein schöner junger Mann, sehen Sie selbst, die vielen dunklen Locken. Na ja, und gut gebaut. Kräftig.» Kam die Fröhlich nun wirklich auch noch ins Schwärmen, in der Rechtsmedizin des Kantonsspitals Sankt Gallen? Häfeli räusperte sich, etwas ungehalten, wie es schien.

«Er wurde von hinten erstochen, mit einem gängigen Metzgermesser, ein Einstich auf Herzhöhe, tödlich, sofort», sagte Dr. Fröhlich. «Es besteht kein Zweifel. Dokumente im Mantel, Innentasche, Haare von mindestens zwei Frauen und einem Hund, ein paar Hundebiskuits, Wohnungsschlüssel, alles vorhanden. Noch Fragen? Ich muss weiter, muss mich um meinen Sohn kümmern, Jerry. So ist das, als alleinerziehende Mutter. Kennen Sie das? Äh, übrigens, Sie riechen nach Bratwurst. Gute Nacht, meine Herren.»

«Den Schlüsselbund nehmen wir mit, gell. Und mach' bitte noch rasch ein Foto, nur vom Gesicht. Dann gehen wir nach Hause». Häfeli stieg bereits die Treppe hinab. «Du könntest dich ja auch etwas mehr um deine Tochter kümmern. Laura.»

«Ja, ja, schon gut, hast ja recht. Ich tu', was ich kann …

Und Freiluft-Dieterle?»

«Mach dir keine Gedanken, der kann warten. Wir informieren ihn morgen, haben ohnehin noch nichts in den Händen. Zuerst gehen wir dann aber zur Metzgerei Grell AG an der Marktgasse, dort hat Twerenbold gearbeitet. Und: Wir müssen endlich abklären, ob er Verwandte hat, damit wir die informieren können.»

«OK. Tschüss, bis morgen. Und schlaf gut!»

Die beiden Männer gingen getrennte Wege. Zu Fuss. Nach Hause. Einsam.

Soll ich mich nach einem neuen Job umsehen, grübelte Kraienbühl. Zwar gefällt es mir hier im Moment noch ziemlich gut mit dem alten Rabauz. Aber ob das Zukunft hat – und wie lange noch? Irgendwann haut der Alte ab. Zweifellos. Wie auch immer.

Auch Häfeli machte sich Sorgen. Gedanken überfielen ihn, wie die Schneeflocken, es hatte wieder zu schneien begonnen. Auf dem Nachhauseweg. Ungelöste Fälle und Fragen ohne Antworten, wobei diese Schwarze Gestalt im Amtshaus noch das wenigste war. Und zu Hause gab es womöglich wieder eine dieser unerfreulichen und auch im Ergebnis unergiebigen Diskussionen um einen Zipfel des Kaisers Bart. Er hatte fast ein wenig Angst davor. Frauen können so ausdauernd heftig sein, wie ein Plattenspieler mit einer LP, die kratzt.

Stundenlang.

Oder für immer.

Sind wir Männer so feige?

Aussitzen ist keine Lösung!

Sollte er sich vorzeitig pensionieren lassen? Eine Idee, die er schon längere Zeit mit sich herumtrug. Aber dann wäre er noch mehr zu Hause, noch mehr Diskussionen, noch mehr Ärger und Streit. Noch mehr Nähe.

Immer unter Beobachtung, wie in der Intensivstation, oder auf dem Polizeiposten; da hatte er es im Büro doch richtig gemütlich, und kuschelig, ausser Freiluft-Dieterle stürmte gerade zur Türe herein. Was erfreulicherweise relativ selten der Fall war.

Schaffte Sabrina den Wiedereinstieg, irgendwann? Als Kinderkrankenschwester hatte sie doch eine gute Ausbildung; da gäbe es verschiedene Möglichkeiten, vielleicht nur halbtags? Sabrina wollte noch nicht, aber sie war unzufrieden, zu Hause, und die Kinder brauchten sie nicht mehr so stark, wie sie sich das gewohnt war. Ihre permanente Fürsorglichkeit ging ihnen an die Nerven. Fehlte ihr der Mut, das Selbstvertrauen, sich um einen Job zu bemühen, zu bewerben? Kürzlich hatten sie gemeinsam das Stelleninserat für eine Kinder-Teilzeitbetreuerin in der Kita *globiundmaus* studiert, zurück ins Kinderspital wollte sie definitiv nicht, das sei ihr zu streng, zu hektisch, zu anspruchsvoll.

Naja, kommt Zeit, kommt Tat, oder Einsicht, dachte Häfeli.

Aus der gelben Tasche nahm er ein Buch, das Geschenk eines Freundes, der in der Bauverwaltung arbeitete. Mit Widmung – er las sie nochmals, und freute sich!

Blumen.

Geistige, die erhielt er nicht alle Tage. Und echte eigentlich nie. Häfeli liebte Blumen, Löwenzahn über alles, zum Ärger der Nachbarn, die mit der gelben Pracht völlig überfordert waren, wilden Mohn, Akeleien – in allen Farben, in seinem Garten, den Eisenhut, den violetten, prächtig farbige Schmetterlinge, die ihre Freiheit genossen, und die vielen Vögel im Efeuwald.

Schlingpflanzen.

Und der Frauenschuh?

Sankt Gallen. Eine Stadt, wie sie nie gebaut wurde, hiess das Buch. Ein abenteuerlicher Name – Architekten schreiben doch ständig über ihre Wundertaten, Erfolge, gewonnene Wettbewerbe. Scheitern ist kein Thema, obwohl es dauernd passiert.

Von der Frontseite des blauen Buches blickte ihm ein Rabe entgegen, keck. Ein schräger Vogel, dachte Häfeli, und begann zu lesen. Plötzlich war er nicht mehr müde.

«Sankt Gallen bekommt einen See, die Sitter wird gestaut. Ein Gerücht? Das gibt's – und manchmal ist auch was dran», las er. «Dinosaurier im Grabenpärkli», Häfeli konnte sich bestens erinnern und schmunzelte. «Eine Schwebebahn auf den Freudenberg?» «Ein Bärengehege für Sankt Gallen?», ein Dauerthema. Früher. Die Parkgaragen blieben es, bis heute.

Visionäre Projekte und Ideenskizzen seien Chancen für jede Stadt, regten zum Nachdenken an, fantasievoll und verspielt. Zum Schmunzeln und Träumen. Mit weit geöffneter Schere im Kopf, um Sankt Gallen vorwärts zu bringen …, ihr tatsächliches oder vermeintliches Imageproblem zu korrigieren.

Am Baikalsee.

Im Osten.

Wo alles möglich ist.

Oder vieles.

Häfeli ging später ins Bett als üblich. Irgendwann löschte er die Leselampe.

Sabrina schnarchte.

Murmelte etwas von Globi auf dem Mond, und dass graue Mäuse eigentlich nicht in die Kita gehörten. Und auch nicht in die Schulverwaltung.

Krass.

Endzeitzauber-Blues.

Zauberhaft.

Bünzli. Vegetarier. Langweiler.

Die Befragung in der Metzgerei Grell AG gestaltete sich komplizierter als erwartet – und langatmig. Peter Bünzli, Chef von Kevin Twerenbold, war erstaunlich wortkarg und Häfeli fragte sich, weshalb man diesem Bünzli jeden Wurm einzeln aus der Nase ziehen musste. Irgendetwas störte ihn an seinem Gesicht, aber was? Hatte der etwas zu verbergen?

Metzger und Wurstler.

Ja, Twerenbold sei ein angenehmer, beliebter Mitarbeiter gewesen, ein tüchtiger Metzger, der zulangen konnte. Am richtigen Ort. Freundlich und korrekt. Selbständig.

Ruhig und angenehm.

«Etwas introvertiert. Sicher kein Lustiger, kein Frauenflüsterer, obwohl er eigentlich nicht schlecht ausschaute.»

Besondere Präferenzen seien ihm nicht zu Ohren gekommen. Irgendwer müsse doch noch normal sein.

Was ist denn heute noch normal? Häfeli wusste keine Antwort.

«Feinde?»

«Nicht dass ich wüsste; Kontrahenten vielleicht», erzählte Bünzli. «Da war Charles Wildbolz, nominiert als neuer Chefmetzger, etwas älter als Twerenbold, Familienvater. Leider hat dieser aber in letzter Zeit stark nachgelassen, der war sich zu sicher, fühlte sich zu wohl und bereits als neuer Chef. So haben wir Twerenbold gewählt, Wildbolz hat kurz darauf gekündigt und arbeitet nun bei der Konkurrenz. Aber ich glaube nicht, dass der … Nein.»

«Kraienbühl, lass dir die Daten von diesem Waldpilz, äh … Wildbolz geben, zur Sicherheit!»

Nein, sie schlachteten nicht mehr selbst, das Fleisch komme alles aus dem Schlachthof vor den Toren Sankt Gallens; die Tiere würden korrekt betäubt, fast schon industriell, sauber auseinandergenommen, seitenweise zerlegt. Schweine, Rinder, auch Schafe.

Aber wursten, das täten sie immer noch hier, mit grosser Freude. Und Twerenbold sei ein guter Wurster gewesen.

«Soll ich Ihnen die Wursterei zeigen? Sie können auch gerne probieren …»

Die beiden Polizisten winkten ab. Zeitgleich.

Pause.

Innereien liessen sich heute kaum mehr verkaufen. Auch Tierhalter wünschten ihren Lieblingen etwas Gediegeneres, da dürfe es auch mal Kalbsbraten sein.

«Irr! – aber letztlich spielt es uns keine Rolle, wer unser Fleisch isst, oder frisst.»

Ein guter Wurster, dachte Häfeli, was heisst denn das schon wieder? Ein Wurstler? Ein Whistler?

«Poulets? Die ‚fliegen' wir ein, je nach Bedarf, mit dem Lastwagen. Manchmal auch tiefgefroren. Poulets sind sehr beliebt! Fische ebenfalls.» Bünzli strahlte kurz auf.

Aha, auch Bünzlis sind zu emotionalen Regungen fähig. Das ist gut. Fein.

«Mögen Sie Tiere?»

«Ja, wir arbeiten mit ihnen, und ich esse gerne jeden Tag mindesten zweimal Fleisch oder Wurst, das gehört doch einfach dazu.»

«Und Twerenbold?», hatte Kraienbühl nachgefragt.

Der habe seit neustem einen Hund, und esse daher weniger Fleisch. Weshalb wisse er auch nicht und sehe auch keinen Zusammenhang.

«Merkwürdig.»

«Na ja, Vegetarier sind im Trend. Das ist allerdings ausserordentlich schlecht für das Geschäft! Bei uns gibt es doch genügend Fleisch. Und Fleischnebenprodukte, Sie verstehen. Metzger sind in der Regel keine Vegetarier!»

«Freunde?» Peter Bünzli wusste wenig Privates von Twerenbold, obwohl er nun schon seit über fünf Jahren bei Grell AG arbeite.

«Zu unserer vollsten Zufriedenheit, das möchte ich nochmals ausdrücklich gesagt haben.»

Verwandte? Eine alte Mutter, die er häufig im Altersheim besuche, beginnende Demenz, aber noch hinreichend «funktionierend». Keine weiteren Verwandten, so weit bekannt.

Von einer Freundin wisse er nichts, eher unwahrscheinlich.

Weshalb er das vermute? Kraienbühl wunderte sich.

«Zu verschlossen, fast verklemmt, nur selten mal charmant, auch nicht zu den Charcuterie-Verkäuferinnen – einige sind sehr hübsch, schauen Sie selbst.

Ein Bünzli halt, äh ... Ja. Keine Freunde. Kaum Hobbies. Einsam. Wahrscheinlich. Ein Langweiler.

Sind wir nicht alle ein wenig Langweiler?»

Bünzli schüttelte mitleidig den Kopf.

Häfeli schwieg, hartnäckig.

Es sind die Zähne, die mich an diesem wulstigen, rötlichen Gesicht stören, Häfeli verzichtete auf einen Vergleich mit dem Tierreich. Bünzlis Zähne. Auf der linken Seite sahen sie oben und unten eher weiss aus, wie gebleicht. Künstlich. Saniert. Auf der anderen Mundseite grau-braun. Fehlte nur noch das Schild: ‚Baustelle. Wir arbeiten für Sie.'

«Wieso lachen Sie?» Bünzli hatte die Augenbrauen erstaunt nach oben gezogen.

«Nichts Wichtiges, reden Sie bitte weiter! Nur keine Hemmungen.»

«Doch! Einmal erzählte Twerenbold, er habe Kontakt zur Geschäftsführerin dieses neuen Vegetarier-Restaurants gefunden, *Mückenschnapper*, oder wie das heisst, an der Vadianstrasse. Ist ja kein Kunde von uns – und ich war auch noch nie dort, da geh ich nicht rein, das interessiert mich nicht.

Twerenbold freute sich über diese, wie soll ich sagen, 'Liaison'. Eindeutig! Und in der Firma wurde wacker getuschelt. Sie kennen das … Vor allem die Frauen, Schnattergänse halt.»

Häfeli bewunderte Gänse, archaische, wilde Geschöpfe, schräg und selbständig, fast wie Katzen. Frech und angriffslustig, wenn man sie störte. Schön. Schneeweiss. Speziell. In jeder Hinsicht. Sabrina wollte keine Gänse im Garten, und hasste überdies Schnee, somit war die Sache vom Tisch. Bis auf den Schnee. Bei der Katze hatte er sich noch durchsetzen können.

Gipsy.

Immerhin.

Häfeli kam in den Sinn, wie eine Schar von Gänsen einen älteren Herrn auf einer spanischen Hazienda nicht mehr aus dem WC-Häuschen herausliessen – ein Gaudi spezieller Art für die Zuschauer. Dem älteren Herrn im grauen Anzug – ein echter Caballero, so sah es aus – war damals das Lachen vergangen. Die Gänse hatten ihn am Hosenbein gepackt. Je zwei von vorne und von hinten, immer wenn er das WC-Häuschen verlassen wollte. Der Besitzer der Hazienda griff erst ein, als ihm das Geschnatter unter seinem Fenster zu bunt wurde. Spät und eher zufällig, aber immerhin.

Ein herrliches Bild.

Glück für den älteren Herrn im grauen Anzug.

Häfeli lächelte in sich hinein.

Irgendwie war Häfeli auch ein Caballero. Wenn er denn wollte. Meist wollte er nicht.

Wir müssen die Geschäftsführerin dieses Vegi-Restaurants informieren, und befragen. *Mückenschnapper*, ein komischer Name, dachte Häfeli. Vielleicht weht der Wind von dort her? Das wäre eine Variante. Oder war's der Bünzli? *Bünzli ermordet Bünzli!* Genial – eine echte Schlagzeile! Aber wo ist das Motiv? Oder doch der verhinderte Chefmetzger?

Die Frau habe ihn zwar nie im Laden besucht, erzählte Peter Bünzli weiter, das wäre für sie als Vegetarierin oder so wohl wie ein Augenschein im Leichenschauhaus gewesen. «Gehen *Sie* freiwillig ins Leichenschauhaus?»

Nein, den Namen der Dame kenne er nicht.

«Verliebt, ich? Nein danke. Dafür bin ich zu alt.»

«Chabis», sagte Häfeli, «ich meine Twerenbold, nicht Sie. In diese Mückenschnapperin. Also?»

«Möglich ist alles, heutzutage.» Bünzli wusste nichts Konkretes.

«Tut mir leid, viel mehr kann ich Ihnen nicht erzählen, und unsere Mitarbeiterinnen wohl auch nicht. Aber bitte, bitte, versuchen Sie Ihr Glück, ungeniert.»

Häfeli und Kraienbühl verzichteten vorerst darauf.

Vorerst?

«Und jetzt?», fragte Kraienbühl auf dem Weg ins Büro.

Häfeli zuckte mit den Schultern. «Ich weiss auch nicht. Freiluft-Dieterle wird schon auf uns warten. Du schaust dir die Wohnung dieses Twerenbolds an und bringst den Hund ins Tierheim. Aufputzen nicht vergessen. Dass sich noch niemand aus dem Haus gemeldet hat, der Hund wird ja wohl nicht gleichzeitig verstorben sein. Metzgergasse 11. Bin gespannt, was du findest. Hier hast du den Schlüssel. Tschüss.»

Kraienbühl brummte etwas Undefinierbares vor sich hin.

Ein Rätsel löst sich.

Im Büro erwarteten Häfeli tatsächlich Neuigkeiten: Stadtrat Freiluft-Dieterle sei überraschend an einer Grippe erkrankt, auch Büttikofer habe sich krankgemeldet, traurig war niemand, und das Beste: Die Schwarze Gestalt, welche im Amtshaus herumirrte, sei erwischt bzw. verhaftet worden.

«Super, endlich ein Erfolg, bringt mir den Vogel zum Verhör. Wer ist es?»

«Du kennst ihn …», sagte der Polizeigefreite.

Häfeli machte es sich auf seinem Stuhl bequem. «So, nun kommt endlich Schwung in die Sache, ein erster Anfang, gewiss», dachte er. Die Türe öffnete sich, herein trat der Polizist und … Rolf Fischli!

Häfeli schluckte leer. Zweimal. «Lassen Sie uns allein», wandte er sich an den Gefreiten. «Der springt uns nicht davon, gell Rolf.»

«*Du* bist also die Schwarze Gestalt, oder gibt es mehrere davon?», begann Häfeli, als sich die Türe wieder geschlossen hatte.

«Spinnsch denn du total, Fischli, was machsch för en Seich[30]?» Der Kommissar deutete mit der Hand auf den Stuhl vor seinem Pult: «Der Wasserbau-Fischli als schwarzer Racheengel im Amtshaus. Wunderbar! Unglaublich. Du behauptest nun aber nicht, du seist auch noch einer der von uns gesuchten Mörder?»

«Unsinn!» Rolf Fischli begann zu erzählen: «Gestern Abend konnte ich nicht wie üblich meine Rolle einüben, ich musste meine Frau pünktlich beim Coiffeur abholen, sonst gibt's Ärger. Immer! Daher ging ich heute Morgen um 5 Uhr ins Amtshaus, in den Keller, dachte, dort störe ich niemanden. Also: Ich fuhr mit dem Lift ins Archiv hinunter, dort wo der Coiffeurstuhl steht, fast ein Fauteuil, du kennst ihn doch auch, aus dem alten Salon im Parterre. Ich schloss die Türe auf, ja, sie war verschlossen, und setzte mich hinein und begann, meinen Text zu lesen. So mache ich es immer: Zuerst durchlesen, dann schwungvoll aufsagen, wie es sich gehört, für das Theaterstück …»

Häfeli und Lena Rabenschwarz Bölsterli kannten den alten, lindengrünen Fauteuil durchaus. Und Freiluft-Dieterle auch. Das gesamte Amtshaus, oder zumindest jene, welche seine Qualitäten zu schätzen wussten. Man sass dort nicht unbequem. Wie beim Coiffeur. Wenn es sein musste, konnte man darin problemlos liegen. Und tun, was man wollte.

Ein Nickerchen.

Oder so.

«Ich verstehe nicht», knurrte Häfeli, «was für ein Text, welches Theaterstück?»

Fischli ging nicht auf die Fragen ein: «Also, ich sass bequem und entspannt in diesem Stuhl und wollte gerade mit dem ersten Akt beginnen, als mein Blick auf die offene Kompaktusanlage fiel: Aktenschachteln lagen davor – und ein schwarzer Hut, ja so einer, wie ihn Büttikofer jeweils trägt, und der Schulvorstand, die sieht man ja nie ohne diese Dinger, und eine Hand. Ich sprang auf und schaute mir die Sache genauer an. Tatsächlich: Im Gestell lag jemand, ein Mann, abgewandt und ich dachte, der ist tot.

---

[30] *Dialekt: für Blödsinn.*

In letzter Zeit ist schon genug passiert, und Ihr kommt ja offenbar auch nicht weiter mit euren Ermittlungen, hört man …»

«Schwätz kei Blech, Fischli. Weiter!» Dieser Fischli war immer wieder für eine Überraschung parat.

«Also, irgendwie roch es seltsam in diesem Archiv, dumpf und abgestanden, wie wir es gewohnt sind? Nein, das war es nicht, nach …, entschuldige, Pisse und Alkohol. Als ich genauer hinguckte entdeckte ich zwei fast leere Weinflaschen und hörte Schnarchen. Der Typ lebte also noch, durchaus, vielleicht mit einer mittleren Alkoholvergiftung, aber immerhin, er lebte. Das Schnarchen wurde wellenartig lauter und dann wieder leise. Ich stupfte ihn – nichts geschah, bis ich etwas fester zulangte, an den Beinen. Irgendwann begann die Person zu knurren, rülpste und furzte, Alkoholschwaden und der Geruch von fauligen Zähnen schwirrte mir um die Nase, mir wurde fast übel. Endlich krümmte sich der Mann aus dem Regal, setzte die Füsse auf den Boden und erhob sich schliesslich. Zögernd. Vor mir stand … Fridolin Büttikofer. Euer Adjunkt. Er machte einige Schritte, musste sich aber rasch wieder hinsetzen.

‚Guten Abend', sagte er.

‚Blödsinn, guten Morgen, wäre angebracht!' Bei dieser Zeitansage schien es mir, als ob er schlagartig ein bisschen nüchterner wurde'.

Beamten-Cabaret.

‚Büttikofer, Sie sind ja sturzbetrunken!', entfuhr es mir.

‚Helfen Sie mir auf die Füsse, bringen Sie mich nach oben und organisieren ein Taxi, bitte! Hier unten gibt es ja keinen Handyempfang.' Und er hielt den Zeigefinger vor den Mund: ‚Ich bitte Sie, Sie haben nichts gesehen, gar nichts!'. So war das.»

Pause.

«Aber das Beste kommt noch: Als ich wieder ins Amtshaus hineinwollte, das Taxi war schon abgefahren, hielten mich zwei Polizisten an, packten mich an meiner schwarzen Kutte und schrien: ‚Haben wir dich endlich erwischt!' Sie steckten mich in eine

Gefängniszelle. So, das war's. Eigentlich war es ein dummer Zufall, dass sie mich erwischt haben.»

«Was, dummer Zufall. Blödsinn! Du warst in den letzten Wochen ein Ärgernis sondergleichen und hast mit deiner doofen Verkleidung Angst und Schrecken verbreitet, so schaut's aus. Du kannst froh sein, wenn da nichts hängen bleibt.» Häfeli kratzte sich am Kopf.

«Ich frage mich nur, weshalb die Maskerade, wozu, und welche Theaterrolle? Da bist du uns noch eine Erklärung schuldig ...»

«Du kennst doch Edgar Wallace. London. Die Themse. Nebelschwaden. Nun hier in Sankt Gallen. Im Februar führen wir im Innenhof des Historischen Museums Den *Schwarzen Abt* auf, und du glaubst es nicht, *ich* spiele die Hauptrolle, ich bin der Schwarze Abt. Daher die schwarze Kutte, mit der kann ich besser üben. Originalgetreu. Das ist wahnsinnig spannend, und ich freue mich den ganzen Tag auf die nächtliche Probe, ich kann die Texte immer besser auswendig! Meine Frau darf es nicht erfahren, ich möchte sie überraschen, du weisst doch, sie spielt auch Theater. Die glaubt mir nicht, das würde sie nie vermuten. Also verrate mich nicht.»

«Diese Überraschung ist dir wahrlich gelungen, bester Rolf, trotzdem sollte man dir ..., na ja!» Aber einen der Morde abhaken – damit war wieder nix. Andererseits: Die Idee mit dem Theaterstück ist schon fast genial, Chapeau – wir spielen hier doch täglich Theater, machen Theater, lieben Theater. So viel du willst. Und Cabaret, auch noch. Wie hiess das Theater-Ensemble der pensionierten Lehrer schon wieder?

«Theater spielen! Daran habe ich schon oft gedacht, ich möchte das auch versuchen», sagte er zu Fischli. Was Lehrer können, können wir schon lange. Ein Chefbeamten-Cabaret – das wäre der Knüller, die Kellerbühne jeden Abend ausverkauft!

Wer hätte das gedacht: Rolf, der Schwarze Abt, das glaubt mir niemand! «Übrigens: Ich kenne das Plakat des Theaterstücks; und damit du es weisst, ich habe sogar schon Billetts gekauft, für meine Familie! Wir freuen uns darauf!»

Fridolin Büttikofer verbreitete im Nachhinein die etwas obskure Geschichte von dringender Aktensuchaktion im Keller, so um 17.15 beginnend, allein, leider. Jemand habe ihn eingeschlossen, er habe dann begonnen, den dort gelagerten Wein zu probieren und sei von der Putzequipe erst viel später aus seiner misslichen Lage befreit worden. Leider habe er sich dort unten erkältet, alles nur, weil er sein Handy im Büro vergessen habe, daher habe er niemanden alarmieren können. «Dumm gelaufen; dabei hätte ich so viel zu tun gehabt. Schade, vielleicht ein anderes Mal.»

Lust an der Metzgergasse.

Kraienbühl berichtete seinem Vorgesetzten von der Hausdurchsuchung bei Twerenbold an der Metzgergasse 11: «Die kleine Wohnung ist spartanisch eingerichtet, zwei Zahnbürsten im Bad, eine davon ziemlich neu, Doppelbett, Modelleisenbahnmagazine und einige Lokomotiven, die herumstanden, nein, keine Eisenbahnanlage. Einige wenige Frauenkleider. Ein Hund war nicht in Sicht, seine Ausdünstung hing noch schwach in der Luft, sein Futter war dort, Büchsen, der leere Fressnapf, sauber geputzt, und abgelaufene Ravioli, im Kühlschrank etwas Gemüse und Joghurt, vier Steaks im Tiefkühler.

Interessant ist die Messersammlung in der Küche, Cadillac de luxe 503; eines der grösseren Messer fehlt, könnte etwa unser Kaliber sein. Weiter habe ich einige Magazine des bekannten Tierschutzkämpfers Willibald Johannes Kasseler gefunden. Ein unangenehm hartnäckiger Bursche, obwohl er in vielem recht hat. Schaurig grusige Bilder. Da ist von Schweine-Konzentrationslagern die Rede, auch in der Schweiz. Hast du das gewusst?»

Häfeli nickte.

Pause. Schon wieder.

«Irgendetwas ist hier in letzter Zeit aus dem Ruder gelaufen, das für uns wichtig ist. Aber was. Haben wir etwas übersehen? Wo ist das Messer geblieben? Und weshalb musste Gabriela Kürsteiner sterben? Wir sollten diesem Vegetarier-Restaurant dringend einen Besuch abstatten. Ja, das sollten wir.

Morgen kommt Freiluft-Dieterle zurück, und wohl auch Büttikofer, der hält es zu Hause auch nie lange aus. Langweilig wird es uns also nicht!»

Metzgergasse 11? Der Kommissar stutzte, etwas spät. Vielleicht. Hatte nicht der frühere Stadtfinancier und Oberkrämer (heute gibt es diese Stelle nicht mehr, dafür einige andere, neue) dort seine Liebeslaube eingerichtet? Nicht ganz billig, an dieser Lage. Aber verschwiegen. Und diskret. Im Erdgeschoss war ein Instrumenten- und Musiknotenladen – und die Dargebotene Hand: *Hilfe in allen Fällen und Lebenslagen*, versprach das Plakat am Eingang.

Ein Quickie während der Arbeitszeit, oder zum Apéro? An der Metzgergasse gibt es diverse beliebte Apéro-Lokale für Paarungswillige jeglichen Alters, auch Second Hand. Hochbetrieb in den Nächten von Donnerstag bis Samstag. Hitzig. Während der OLMA sowieso. Wenn die Hemmschwellen tiefer fallen, als gewöhnlich. Und nicht nur die Hemmungen. Bis am Sonntagmorgen die ersten verschlafenen Kirchgänger auftauchen und die Männer vom Strassenunterhalt den Müll zusammenwischen, von Hand und mit den City-Cats. Abspritzen der Gasse und Entfernen verschiedener Körperflüssigkeiten.

E chli grusig, das Ganze.

Häfeli grauste davor.

Der Wohnungsschlüssel kam erst nach dem allzu frühen Tod des Stadtfinanciers und Oberkrämers zum Vorschein – nach Einschätzung der Rechtsmedizin wohl Herzversagen, möglicherweise beim *Coitus irgendwie*, so hiess es doch; sehr ärgerlich. Für alle! Ein Freund hatte ihn doch noch gewarnt, solche Verhütungsmethoden seien veraltet und höchst unsicher, vor allem auch hinsichtlich Vaterschaftsklagen nicht zu empfehlen. Aber nun war alles wieder völlig anders gekommen.

Tod beim Geschlechtsverkehr. Dank Viagra? Obwohl: Allemal besser als Exit, oder nicht? Aber so nicht. Nein! Die Geliebte, oder Todesgespielin, oder was auch immer war unerkannt vom Acker geschlichen, hatte anonym die Polizei angerufen, welche die Wohnungstüre aufbrechen liess.

Wellenberg hatte den Stadtfinancier und Oberkrämer mit seinem Gehilfen die enge Treppe hinuntergetragen. Sorgsam. Unauffällig und unbürokratisch. Trotzdem gab es Rückschläge, an den Wänden, da und dort. Schon wieder ein Hick in der Tapete.

Hicks, das war früher. Oft.

Die betrogene Ehefrau – eigentlich heiss war die Liebe ja schon lange nicht mehr gewesen – hatte die ganze Zeit von nichts gewusst, also mindestens nichts von dieser geheimnisvollen Wohnung an der Metzgergasse, in der sich auch andere hohe Tiere verlustierten, jedes auf seine Façon. Mit ihren Freundinnen. Oder wem auch immer.

Sie durfte nun alles aufräumen.

Entsagen und entsorgen.

Im gleichen Atemzug.

Tränen-Los.

Fort mit den alten Gedanken, den alten Erinnerungen, der alten Liebe.

Allein auf dem Friedhof.

Lag er nun, der ehemalige Stadtfinancier und Oberkrämer.

Redegewandt und lustig.

Damals.

Populär. Und nun?

Vergessen.

Niemand pflegte sein Grab, niemand zündete eine Kerze für ihn an. Auch nicht an Weihnachten. Ausser Häfeli, wenn er seinen Vater besuchen wollte, den er noch immer vermisste.

Gelegentlich.

Oder immer mehr?

Rechnungen.

Quittungen.

Wer bezahlt?

«Twerenbold, der Metzger, und der Stadtfinancier und Oberkrämer wohnten also im selben Haus an der Metzgergasse. Aber ich sehe da keinen Zusammenhang. Du?»

«Du! In wenigen Tagen beginnen die Weihnachtsferien, *meine* Ferien», bemerkte Kraienbühl und schüttelte gleichzeitig den Kopf.

«Ich sollte noch, du weisst, Geschenke …, für Laura.»

Schnäppchen und Chläuse.

«Von mir aus. Du bringst mich auf eine Idee, oh weh. Ich sollte unbedingt noch ein Weihnachtsgeschenk für Sabrina haben, für die Kinder organisiert sie das, sie hat ja auch mehr Zeit als ich, gell. Hast Du eine Idee? Du könntest es dann für mich einkaufen.»

«Also wirklich», sagte Kraienbühl, «das musst du schon noch selbst erledigen. Bitteschön! Oder gehen wir gemeinsam shoppen, nachdem wir uns in Stimmung gebracht haben?» Der Assistent machte eine entsprechende Handbewegung. Häfeli schaute wenig begeistert aus.

«Und Ideen? Da gibt es unzählige, du weisst, ich bin der Frauenflüsterer im Haus. Vieles läuft da auch über Geschenke, weisst du, passende Geschenke natürlich. Ich zähle mal auf: Ein gediegenes Wochenende in einem Romantik-Hotel, zum Beispiel in Le Prese, im Puschlav, oder im Tannheimer Tal. Ein neuer Mixer, oder ein staubsaugersackfreier Staubsauger – was das habt ihr schon, funktioniert aber nicht richtig – gut. Ein Wallholz, eignet sich auch noch für anderes. Ein Fitness-Abo, oder dito. fürs Solarium? Kosmetika, eine schöne Körpercrème …» Kraienbühl schnalzte mit der Zunge, und wuchs über sich hinaus: «Oder etwas Schönes für Drunter und Drüber, Strümpfe, Straps, Stilettos. Oder ein Vibrator für gemeinsame frivole, äh …, fröhliche Spielchen. Wenn die Kinder fort sind.»

«Also gell …! Und überhaupt.

Was machst denn du im Tannheimer Tal? Tönt irgendwie nach Alzheimer. Oder so.

Alles Chabis! Und weiter?»

Kraienbühl schüttelte bekümmert den Kopf.

«Ein Skihelm. Ein neuer Skianzug. Ein Theaterabo. Ein Wanderschuh? Ein Buch. Ein Krimi? Ein Klatschblättchenjahresabonnement – *Jeannine, top fit tonight*?

Oder Schmuck, das kommt immer gut an. Langsam gehen aber auch mir die Ideen aus. Einfach ist es mit dir nicht …»

«Sabrina liest keine Krimis! Aber Schmuck, das täte ihr schon gefallen, ist aber nicht ganz billig, gell. Ich wollte diese unsinnige Schenkerei, also mindestens unter uns Erwachsenen, wir haben ja schliesslich schon das Geschenk, miteinander, oft, also, eigentlich abschaffen, mindestens eindämmen …»

«Das kannst du doch nicht machen, an Weihnachten, das geht gar nicht.» Kraienbühl schüttelte wieder den Kopf.

«Du, ich habe da wieder mal eine Super-Idee: An der Spisergasse ist doch dieser Juwelier, der Toni Wucherer. Sehr bekannt. Sehr exquisit. Ich kenne dort eine schmucke Verkäuferin, gell, vielleicht erhalten wir so einen Spezialpreis. Oder Mitarbeiterpreis?»

Häfeli schaute seinen Kollegen entsetzt an: «Wucherer, das tönt ja sehr verheissungsvoll, doch. Superpreise, ein Schnäppchen. Und nachher bin ich pleite!»

«Wie du willst, es muss ja nicht sein, aber wir können gerne gemeinsam mal reinschauen, in diesen schmucken Laden. Die schmucke Welt erspähen. Sehr edel. Chic! Oder auch nicht. Zum Unterwäsche aussuchen, brauchst du mich wohl nicht. Obwohl: Ich hätte auch da meine Beziehungen, und Ideen sowieso.» Pause.

«Du, vorhin hat der Willfried-Roger Bischof-Staubler angerufen, du kennst ihn doch auch, den Eventmanager; auf dem Weihnachtsmarkt treibe sich eine sonderbare Gestalt herum, verkleidet wie ein Schmutzli ohne Samichlaus, oder wie ein Mönch. Bart, braunes Kleid, Baskenberet. Vermutlich ein verkleideter Dieb, meint der Bischof. Komm, wir schauen uns das rasch an, auf dem Gallusplatz beginnen wir.»

Kraienbühl seufzte. «Muss das jetzt wieder sein, wir wollten doch nach Hause. Nach Hauuuse!»

Tatsächlich. Rasch entdeckten sie die beschriebene Gestalt am Weihnachtsmarkt, die relativ unauffällig in der Menschenmenge herumschlich. Ein Mann. Offenbar war er vor allem hinter Frauen mit Kindern und riesig ausladenden (einladenden?) Taschen her, manchmal «berücksichtigte» er aber auch Männer. Für die beiden Polizisten sah es so aus, als ob er den Weihnachtsmarktbesuchern in die Tragtaschen greifen wollte, um etwas herauszunehmen. Immer wieder verschwand seine Hand im Jutesack und in fremden Taschen.

«Ein Samichlaus-Taschendieb, offensichtlich; das hatten wir bisher noch nicht im Sortiment. Den schnappen wir uns, sofort», sagte Kraienbühl. «Ich mache zuvor noch rasch einige Fotos. Also los.»

Die beiden Polizisten folgten dem Unbekannten diskret, näherten sich ihm dann, hielten ihm ihre Ausweise unter die Nase, Kraienbühl bereit, den Mann zu packen, falls dieser flüchten wollte.

«Grüezi. Stadtpolizei. Folgen Sie uns unauffällig. Eine Flucht ist zwecklos.» Anstandslos begleitete der alte Mann die Polizisten in Zivil zu einer weniger belebten Ecke des Platzes, direkt bei der Kathedrale.

«Können Sie sich ausweisen?»

Mit einem leichten Schmunzeln zog der Mann seine Identitätskarte hervor. Wortlos.

«Sie greifen den Menschen in die Einkaufstaschen, stehlen ihre Weihnachtseinkäufe – das sehen wir schon richtig, oder? Ich habe Fotos gemacht, auf frischer Tat …»

«Das sehen Sie richtig, meine Herren, ich greife den Leuten in die Taschen, aber nicht wie andere, und was so üblich ist, heutzutage. Ich lege Ihnen etwas *in* ihre Taschen hinein. Ich überrasche die Menschen, niemand erwartet das, und zu Hause wundern sie sich, von wem sie das kleine Geschenk bekommen haben, und finden es nicht heraus – das ist Weihnachten: Geheimnis. Neugierde. Schenken. Freude bereiten. Kennen Sie das nicht?»

Pause.

«Aber ich bin kein Dieb. Schauen Sie mal in meinen Sack hinein, was ich da alles habe, ungeniert ...» Die Augen des alten Mannes leuchteten.

Die Polizisten kamen sich plötzlich winzig und klein vor.

«Kraienbühl, bitte!»

Und tatsächlich: Im Jutesack befanden sich kleine, herzige Geschenke, verschiedene farbig bemalte Tannzapfen mit Schokolade behängt. Schokoladeherzen mit der Aufschrift «Frohes Fest». Kleine Kerzen, ebenfalls mit Schokolade. Selbst gebackene Guetzli, hübsch verpackt.

Farbig.

Fröhlich.

«Oh ...», sagte Häfeli, «das tut uns leid! Äh ...

Wir entschuldigen uns.

So schöne Geschenke!

Herzlichen Dank – und gesegnete Weihnachten!»

«Möchten Sie nicht eines meiner kleinen Geschenke mit nach Hause nehmen, für Ihre Frau oder die Kinder?», fragte der alte Mann. «Bitteschön! Greifen Sie zu.»

«Danke, danke. Zu lieb! Das wäre für uns aber keine Überraschung mehr, Sie haben uns schon genug überrascht. Auf Wiedersehen! Und weiterhin viel Spass beim Überraschen der Weihnachtschrömler[31].

Eine sehr schöne Idee! Wirklich!»

Die beiden schauten dem alten Mann mit der Baskenmütze nach, wie er in der Menschenmenge verschwand. «Das ist schon speziell: Ein vermeintlicher Taschendieb überrascht die Passanten am Weihnachtsmarkt mit selbst gebastelten Geschenken – das müssen wir unbedingt unserem Eventmanager sagen, gell, Chef. Dem *Stadtmarketing*, das gibt's doch noch, oder? Und dem Polizeivorstand, das wäre eine Superrolle für Freiluft-Dieterle, einmalig, nächstes Jahr, am Weihnachtsmarkt. Unerkannt Geschen-

---

[31] *Chrömle: Kleine Geschenke und Gegenstände kaufen. Am besten spontan.*

ke verteilen …, oder noch besser: Der Polizeivorstand als Eventmanager, oder doch ein Chlaus?»

«Vielleicht. Durchaus verwandte Rollen.»

Häfeli dachte an seinen Einsatz als Samichlaus – übermorgen war es wieder so weit; er musste sich den Abend des 6. Dezembers und den nächsten gleich auch noch freihalten, unbedingt, Polizeivorstand hin oder her. Kinder überraschen, die grossen Augen, erwartungsfroh, etwas ängstlich vielleicht. Sich verkleiden, zusammen mit einem Kollegen der Theatergruppe Tablat, rote Kutte, langer Bart, ein Glöcklein und natürlich die Fitze und den Sack. Nicht zu vergessen das grosse Buch mit den «Schandtaten» der Kinder, eine riesige alte Bibel. Schwere Kost. Wildes Läuten oder Klopfen an der Haustüre. Mit den schweren Schuhen in Stuben hineinpoltern. Verschmitztes Lächeln der Eltern, manchmal mussten sich diese beherrschen, nicht laut loszulachen. Ein kurzer Flirt mit dem hübschen Mami? Erinnerungen. Ein Theaterspiel.

Auf verängstigte Kinder waren sie nicht erpicht, und lehnten solche «Fitzen-Aufträge» schon bei Verdacht konsequent ab. Manchmal waren sie sogar mit einem richtigen Esel unterwegs, ein besonderer Spass, der den Aktionsradius allerdings beachtlich einschränkte. Zudem wollte der Esel nicht immer dasselbe, wie die beiden Chläuse. Letztes Jahr streikte er vor einer kleinen Brücke über einen ebenso kleinen Bach und liess sich auch nicht auf eine Umleitung ein. Keine Diskussion. Häfeli und sein Mitchlaus versuchten es mit gut zureden, Naschereien, streicheln und schliesslich mit einem leichten Stoss in die Flanke. Ohne Erfolg. Also: Abladen und die beiden Säcke zum Kindergarten hochtragen. Der Esel machte keinen Mucks, schaute aber interessiert zu, die Kinder des Kindergartens ebenfalls. Lachten und klatschten. Begeistert. Eine tolle Performance.

Häfeli wartete gespannt auf das nächste Abenteuer als Chlaus, wo auch immer. Aber nicht im Büro. Davon hatte er inzwischen genug gesehen.

Trotzdem war ihm nicht ums Plaudern zu Mute. Und zum Lachen schon gar nicht, wenn er an die fehlenden Geschenke dachte.

«Das mit dem Stadtmarketing, mach‘ das morgen. Und zu unseren Geschenken – schauen wir mal», brummte Häfeli. «Übrigens, alle Ferien sind im Moment gestrichen. Von ganz oben. EFD wird langsam räss, wir müssen was liefern! Verstehst du?

Also los, packen wir's. Weihnachten ist das Ziel!»

Wir freuen uns, dachte Häfeli, oder besser: Wir sollten uns freuen. Verordnet. Von oben!

Gemeinsam. Mit oder ohne Geschenke.

«Und wenn wir das nicht erreichen?

Dann streichen wir Weihnachten einfach aus dem Kalender, auch weil wir keine Geschenke einkaufen konnten? Weil wir noch Mörder jagen mussten, die wir nicht fangen konnten, ha, ha. Sehr originell – und gewöhnungsbedürftig, nicht?»

Pause.

«Weisst du was? Wir brauchen gar keine Weihnachtsgeschenke, materielle. Wir könnten uns etwas schenken, das niemand hat, vor allem nicht an Weihnachten:

Zeit.»

Hundeliebe.

Yoko, das dreijährige Labradormännchen, lebte nun schon seit mehr als zwei Wochen bei Pippa Johannson in St.Georgen, im grauen Haus. Bei Kevin Twerenbold hatte es ihm besser gefallen, dort gab es richtiges Fleisch, manchmal zwar auch Futter aus der Büchse, und das Beste, häufig einen zünftigen Knochen. Zeit hatten beide nicht extrem viel für ihn, kurz Gassi am frühen Morgen und über Mittag, aber mit Kevin konnte er am Abend lange Spaziergänge machen: Der Sitter entlang, über Dreilinden, Peter und Paul, der Wildpark, dort gab es immer viele interessante Geruchspuren. Oder ab ins Appenzellerland, mindestens am Wochenende.

Katze oder Reh?

Und mit der neuen? Hin und wieder einen kurzen Spaziergang ums Haus oder im Quartier, allenfalls zu den Drei Weihern, die Mühlenenschlucht hinunter und mit der Bahn wieder zurück. Zu essen gab es nur zweimal pro Woche Büchsenfutter, im Übrigen Maiskörner gepanscht mit etwas Sauce, Sojasauce, mit Kartoffelbrei. Apfelschnitze. Nüsslisalat, ohne Sauce. Riz Casimir, ohne Poulet. Pasta.

Basta.

Brotbrocken in Milch war noch das Beste.

Am Anfang hatte er das neue Fressen stehen lassen und war davongetrottet. «Aber Liebling, du wirst es gern bekommen, du wirst es lieben, wart's nur ab. Hunde brauchen kein Fleisch, das ist ein Irrtum.»

Yoko hatte sie mit grossen Augen angeschaut – er verstand die Welt nicht mehr. Kein Bratwurstgeruch mehr in der Luft, kein Wurstzipfel, kein Hamburger – nichts mehr. Das Wasser lief ihm im Mund zusammen. Jede Katze hatte es da besser, sofern sie nach draussen konnte – und Mausen gewohnt war. Sich mit Katzen messen ging nun wirklich nicht, das war kein Hundeleben mehr – das war nur noch zum Knurren. Und das mit knurrendem Magen. Würde es nun so bleiben, war das seine Zukunft, sein Ende? Und wenn er die dumme Kuh mal so richtig in die Waden beissen würde?

«Ich bin stolz auf dich, Yoko, du bist auf gutem Weg, Vegetarier zu werden», hörte er seine neue Chefin. Sie wollte ihn auf die Schnauze küssen, Yoko wich aus.

«Wieso so abweisend? Du wirst schon sehen, das ist gut für dich und tut deiner Verdauung und der Umwelt gut. Vegetariern gehört die Zukunft. Wir sind die Zukunft. Das freut mich! Und: Ich bleibe Veganerin.»

Hundeleben?

Hündisch.

Auf den Hund gekommen. Yoko war unglücklich.

Menschen, diese kurligen[32] Zweibeiner, drängen anderen ständig ihren Willen auf, wollen sie dirigieren, beherrschen und dann doch wieder kuscheln, immer so, wie es ihnen gerade beliebt. Am besten ist es, wenn sie aus der Hütte raus sind, Arbeiten nennen sie das. Von mir aus. Sie wissen nichts über uns, es scheint ihnen egal zu sein. Aber sie erwarten, dass wir stets zu Diensten sind, hündisch halt, unterwürfig, das gefällt ihnen, andere wollen einen Kämpfer an ihrer Seite, zähnefletschend und gelegentlich auch mal zupackend, weil sie schwach sind. Das tut ihrem Ego gut. Mach Platz, hier, oder dort, aber Platz. So fühlen sie sich stark, und allen überlegen. Dank uns: Sigi hier, Sigi dort. Platz Sigi. Brav Sigi.

Und jetzt nicht mal mehr Fleisch zum z'Morge? Die spinnt doch. Bald hole ich mir etwas schön Blutiges! Einen Hasen. Eine Katze. Oder einen Vogel? Ein Reh! Hauptsache Fleisch. Warm und blutig. Yoko lief das Wasser im Mund zusammen. Fleischentzug. Manchmal glaubte er bereits doppelt zu sehen ... Ein Hund beginnt zu spinnen. Ohne Fleisch.

Die Türe öffnete sich, Pippa Johnson kam herein. «Yoko, komm her mein Süsser, ich habe dir was Feines mitgebracht», sagte sie. «Was geiferst du wieder?»

Es roch nicht gut.

Endlich bequemte sich der Hund zum Fressnapf: Kalte Fritten. Gräuslig. Eine Riesensauerei! Menschen würden unverzüglich

[32] *Dialekt: seltsam, komisch.*

eine Demonstration veranstalten, zu einer Petition, einem Referendum oder einer Initiative aufrufen.

Yoko trottete wieder davon, knurrte. Vor allem knurrte ihm der Magen, und wie!

«Wieso bist du so übel gelaunt, Yoko? Wir haben doch uns, wir sind nicht allein! Sei brav! Komm, wir gehen schlafen.»

Schlafen. Mit Hasenträumen. Doch wo sind die Hasen?

Das war auch die einzige Verbesserung in Yokos Leben – anders als früher durfte er im Bett seiner neuen Herrin schlafen, musste sich nicht mehr in der Zaine in der Küche zusammenrollen.

«So, wir fahren zuerst zum grauen Haus, klopfen da nochmal zünftig an», knurrte Häfeli am nächsten Tag. «Irgendetwas muss doch zu finden sein. Alibis? Das hätten wir schon längst klären können …»

«So richtig verdächtig, ist doch keiner dort oben, keiner», widersprach Kraienbühl. «Alle ein bisschen, vielleicht.»

«Schauen wir mal, wer zu Hause ist.»

Zuerst befragten sie den pensionierten Kantonsschulprofessor, Leopold Federspiel. Häfeli eröffnete ziemlich direkt und übertrieben barsch. «Nein danke, keinen Kaffee. Seien wir ehrlich, Herr Federspiel, Sie sind unser Hauptverdächtiger» – jemand muss es ja sein, dachte Kraienbühl. «Leider! Es gibt in der Wohnung der ermordeten Frau so viele Spuren von Ihnen, auch im Bad, dass wir uns schon sehr wundern. Hinzu kommen Aussagen aus Ihrem Haus betreffend die Donnerstagabende bei Frau Kürsteiner. Im roten Plüschbademantel. Etwas ausgefallen, finden Sie nicht auch?»

Momo.

Der pensionierte Professor rutschte etwas verlegen auf seinem grauen Ledersofa herum, nestelte an seiner Krawatte, rot kariert, und starrte auf seine ebenfalls roten Plüschfinken. Mein Gott, dachte Häfeli, der sitzt den ganzen Tag piekfein zu Hause und wartet zusammen mit seiner Krawatte auf das Ende des Tages. Auf den Donnerstagabend. Heute war wieder Donnerstag. Aber ein anderer Donnerstag, ohne Gabriela.

«Also, ähm, es ist nicht so, wie sie denken», murmelte Federspiel. «Ich habe Gabriela geliebt, von ganzem Herzen, wie ein alter Mann halt noch lieben kann, von ihr geträumt. Geträumte Liebe. Kennen Sie das?»

Keine Antwort.

«Die Donnerstagabende mit ihr waren wundervoll – ich habe für sie gelebt. Sie war so lieb und verständnisvoll … Ich hätte Gabriela nie etwas antun können! Wer war das nur? Für mich ist es eine Katastrophe.

Leben Sie auch alleine?»

Keine Antwort.

«Nun werden Sie bitte mal etwas konkreter», knurrte Kraienbühl, «wir haben nicht endlos Tag Zeit – und sind auch nicht von der Pro Senectute. Was geschah in der Wohnung von Frau Kürsteiner, zwischen Ihnen?» Häfeli warf seinem Assistenten einen warnenden Blick zu.

«Nichts! Auf jeden Fall nicht das, was Sie vermuten. Gabriela hat mir jeden Donnerstagabend Kindergeschichten vorgelesen, meist Märchen: Hänsel und Gretel, König Drosselbart, Schneewittchen. Momo. Hans Eichhorn der Lausbub. Lump und Schlingel. Kennen Sie Lump …»

«Bitte keine Beleidigungen!» Kraienbühl kam in Fahrt.

«Sie verstehen mich nicht!»

Pause.

«Manchmal habe ich meine Kinderbücher mitgebracht, oder sie las aus ihren eigenen vor. So schön, so echt. Nach einer Stunde bin ich wieder nach oben gegangen, entspannt, glücklich, voller Frieden! Und habe wunderbar geschlafen, eingekuschelt in meine Decken, wie damals als Kind, als mir mein Vater Geschichten vorgelesen hatte – Sie müssen wissen, ich habe gröbere Schlafprobleme.

Manchmal habe ich ihr hundert Franken auf die Kommode gelegt, sie freute sich darüber; ich brauche das Geld nicht mehr und habe genug davon. Geld ist für mich ohne Bedeutung.

Manchmal habe ich ihr nachmittags bei ihrem Studium geholfen, das lief in letzter Zeit etwas holprig, sie hatte den Kopf nicht bei der Sache. Nur, wo sie ihn hatte, den Kopf, erzählte sie mir nicht. Leider. Das hätte mich auch interessiert.

Gabriela wollte uns das Malen beibringen, Frau Flammer und mir. Sie haben doch die schönen Bilder in ihrer Wohnung gesehen: Ausdrucksmalen in Musse, mit Lust und Fantasie, für Pensionierte. Schweigend! Das wäre für die liebe Frau Flammer natürlich eine Herausforderung gewesen.

Nun ist das alles leider nicht mehr möglich.

Manchmal hat sie für mich eingekauft, etwas für mich gekocht. Pasta. Oder ein Cordon-bleu, mit Appenzeller Käse. Gabriela war lieb und verständnisvoll. Ich vermisse sie. Wer hat ihr das bloss angetan?

Wann ist die Beerdigung?»

Keine Antwort.

«Was ist mit dem roten Plüschbademantel?», getraute sich Kraienbühl doch noch zu fragen. «Und dem Alibi?»

«Das soll nicht Ihr Problem sein», antwortete Federspiel ruhig, aber bestimmt.

«Und ein Alibi habe ich keines. Wie sollte ich auch, ich bin immer zu Hause. Gabriela war mein Alibi. Meine Überlebensstrategie. Verstehen Sie mich?»

Wieder keine Antwort.

«Bitte gehen Sie jetzt», sagte der alte Professor, ohne eine Antwort zu erwarten.

Er schloss die Augen.

Mit seinen Emotionen allein gelassen.

«Der war's nicht, en arme Siech!», sagte Häfeli leise, als die beiden im Treppenhaus standen, leicht verdattert, und an der Türe von Pippa Johannson klingelten.

«Definitiv nicht.»

Warten.

In der Wohnung regte sich nichts. Kein Hund, gar nichts.

Niemand öffnete.

«Frau Johannson ist nicht da», hörten sie eine Stimme von unten. Häfeli und Kraienbühl schauten sich an. Aha, die wackere Frau Flammer, Sicherheitsbeauftragte Block B, hört mit. Immer wach, Feuer und Flamme.

«Sie ist bei der Arbeit, aber ich kann Ihnen leider nicht sagen, wo das ist. Soll ich es für Sie herausfinden? Das ist kein Problem für mich.»

«Nicht nötig, wir kommen ein anderes Mal wieder», antwortete Häfeli. «Und Herr Kummer?» Berta Flammer schaute auf die Uhr, «der sollte um diese Zeit zu Hause sein. Läuten Sie ruhig mal kräftig, manchmal hört er Musik. Und wir auch. Kommen Sie nachher noch zu mir und erzählen mir das Neuste? Oder haben Sie noch Fragen?»

«Im Moment nicht, wir melden uns, bei Bedarf.»

«Witzbold!», sagte Kraienbühl leise. Und lachte.

National-Bier mit Ente.

Jean Kummer, Student der Nationalökonomie, öffnete die Türe und bat die Polizisten herein.

«Sie sind unser Hauptverdächtiger», sagte Kraienbühl, «geben Sie zu, Frau Kürsteiner erwürgt und in die Steinach gestossen zu haben, aus Eifersucht.»

«Nein. Das stimmt nicht! Ich habe Gabriela geliebt», hörten sie ihn sagen. «Und ich bin traurig, unsäglich traurig, kann mich kaum mehr auf mein Studium konzentrieren.»

Der Student seufzte. Er wirkte blass, übernächtigt.

Trauer oder schlechtes Gewissen? Häfeli war sich nicht sicher.

«Wissen Sie endlich, wer Gabriela getötet hat?»

«Das haben wir heute alles schon mal gehört. Und: Nein. Wir wissen es leider noch nicht – wenn Sie es nicht waren.» Kraienbühl war hässig, was selten vorkam.

«Nein, ich war das nicht! Und ich habe ein Alibi, ob Sie's glauben oder nicht. Studentenverbindung. Die *Nassen Frösche* treffen sich immer im *National*[33], zum na ja, Feiern, Besäufnis. Ganz ordentlich. Um 23.30 Uhr habe ich mir ein Taxi bestellt, es war alles zu viel. Und die Mühleggbahn fährt ja nicht immer. Betrunken die Schlucht hoch, das mochte ich nicht. Ja, ich habe genug Zeugen, auch der Wirt hat mich gesehen, als ich das Lokal verliess.»

«Das tönt ja wunderbar, wir werden alles überprüfen.» Häfeli blickte dabei Kraienbühl vielsagend an.

«Auf Wiedersehen.»

Im *Mühleggli* tranken die beiden Kaffee und schauten den Enten zu. Kunstenten? Komisch farbig, wie manche in der Voliere im Stadtpark. Ob man die auch essen konnte? «Täusche ich mich, oder hat es da einige Exemplare zu viel, die treten sich schon im Wasser auf die Füsse. Das ist doch nicht mehr tiergerecht. Wie wär's mit einem Sonntagsbraten oder zwei, machst du mit?»

Häfeli nickte unmerklich.

«Einfrieren!

Also: Dieser Jean Kummer ist ein schwieriger Fall, tönt alles einigermassen plausibel; andererseits, es könnte auch so gewesen sein: Aus dem Fenster des *National* sah er Gabriela Kürsteiner nach Hause gehen, sie kam von ihrem Lover – oder eine Loverin? das wäre doch immerhin möglich – gehen wir aber mal von einem Mann aus, den wir noch nicht kennen, und bog in die Schlucht ein. Die Bahn war schon wieder kaputt, wie wir inzwischen wissen. Er verlässt die Beiz kurze Zeit, gibt vor, aufs WC zu gehen, rennt ihr nach und stellt sie nochmals zur Rede, sie wimmelt ihn höhnisch ab, ein letztes Mal – und ihm brennen die Sicherungen durch, den Rest kennen wir. Zeitlich wäre auch das möglich. Voilà.» Häfeli überlegte.

«Check mal bitte die Taxifahrer, vielleicht kann sich jemand erinnern, wer weiss.»

«Kummers Alibi ist nicht viel wert», sagte Kraienbühl. «Andererseits tönt es ehrlich – daraus soll einer schlau werden. Du, sieh

---

[33] *National, alter aber immer noch gängiger Name für Restaurant Goldener Leuen, heute Restaurant National zum Goldenen Leuen. Kult- und Fasnachtsbeiz inmitten der Altstadt, am (Paul) Grüningerplatz, dem wohl lauschigsten und erfreulichsten Platz der Stadt Sankt Gallen. Absolut sehenswert!*

mal, der verlässt gerade das Haus, sieht doch etwas nervös aus, gestresst. Sollen wir ihn ‚begleiten', aus sicherer Distanz?»

Häfeli nickte, zählte rasch das Kaffeegeld heraus und legte es auf den Tisch. «Zahlen!»

Als sie aus dem *Mühleggli* heraustraten, sahen sie, wie Jean Kummer in den Schluchtweg einbog, zur Stadt hinunter. Häfeli kam die Freitagnacht wieder in den Sinn, als ihm Gabriela Kürsteiner begegnet war. Sie folgten Kummer so diskret es ging. Bei der Talstation der Mühleggbahn angekommen, spazierte dieser Richtung Gallusplatz, am wunderschönen Stadthaus der Ortsbürgergemeinde und der St.Laurenzenkirche[34] vorbei zum Bärenplatz, bog dort überraschend in die Hinterlauben ab, eine schmale Altstadtgasse hinter der früheren Brotlaube an der Marktgasse. Vor dem Haus Nr. 10, *Zum tiefen Keller,* blieb er stehen, schaute sich vorsichtig um, und trat ein.

«Was hat der zu verstecken», fragte Kraienbühl. «Sollen wir ihm folgen?»

«Warte noch einen Moment ...»

Und tatsächlich: Nach wenigen Augenblicken kam der Student wieder zum Vorschein und öffnete die Türe zum nächsten Haus mit der Nr. 8, *Zum goldenen Apfel* genannt.

Die beiden schlenderten durch die Gasse. Im Laubengang konnten sie sich gut verstecken.

«Du», sagte der Kommissar zu seinem Assistenten, «du, das sind die beiden Vadianhäuser, ja, der auf dem Sockel vor dem Amtshaus mit dem Hut, Joachim von Watt, eben, Vadian, Stadtarzt, Bürgermeister und Sankt Galler Reformator. Im grösseren, dem ‚goldenen Apfel' ist er 1484 geboren, im ‚tiefen Keller' dann gestorben, heute ist es ein Wohnhaus, glaube ich. Komm, wir schauen uns rasch die Inschriften und die Namensschilder an, wer dort wohnt. Das tut dir gut, so kannst du dich weiterbilden, unauffällig und diskret. Und erst noch gratis. Also: Der ‚goldene Apfel', ein wunderschönes Gebäude, wie du siehst, war lange Zeit repräsentativer Firmensitz der Debrunner AG, eine Stahl-

---

[34] Die St.Laurenzenkirche ist die Stadtkirche der Reformierten Sankt Gallens. Reformierte Stadt und Katholische Abtei grenzten sich nach der Reformation mit einer Schiedmauer voneinander ab.

firma, ich konnte es einmal besichtigen. Sehr schön! Sehr geschmackvoll. Sehr repräsentativ, wirklich, schon die Eingangshalle und die Treppe, dann der grosszügige Kontor im ersten Stock mit Stuckdecke, Leuchter und Kachelofen, darüber der Festsaal mit vielen Malereien. Dito. Absolut sehenswert!» Häfeli geriet ins Schwärmen und blieb stehen.

«Chef, hallo, wir sollten weiter, Richtung Amtshaus, wenn's recht ist, und du fertig gestaunt und doziert hast. Gell: Das ist ja alles schön und gut, aber was hat der Kummer hier zu suchen? Wir könnten ihn bei Gelegenheit fragen.»

Häfeli schaute auf die Uhr: «Komm, wir gehen zum *Mückenschnapper*, das ist auch nicht weit und schauen uns den Laden mal an, da bin ich sehr gespannt. Das Amtshaus rennt uns nicht davon.»

«Magst du vegetarisch oder Insekten, dann bist du total ‚in'. Mehlwürmer frittiert. Heuschrecken im Dutzend, mit Sauce? Einen vegetarischen Lamm-Spiess, garniert mit Tofu. Gibt es das dort überhaupt, bist du sicher?» Kraienbühl schüttelte sich.

Fleischersatz oder Fleischnebenprodukte?

«Ich weiss es nicht, aber wir sollten zuerst noch was Rechtes essen, was Deftiges, zur Sicherheit. Von mir aus auch ein Birchermüesli, und Prost mit einem Hagebuttentee.

Oder doch lieber Schlachtplatte?»

«Im *Ochsen* ist Metzgete!»

Des Messers Lösung.

Im *Mückenschnapper* fragten sie nach der Geschäftsführerin.

Frau Johannson sei im Moment nicht im Hause. Um was es denn gehe? Die junge Serviererin, nicht unattraktiv, klimperte fleissig mit ihren langen Wimpern Richtung Kraienbühl. Künstlich. Die Wimpern. Und nicht nur das.

So viel zu fleischlosen Gedanken und Gelüsten.

Fleischersatz. Und Fleischnebenprodukten.

Häfeli und Kraienbühl schauten sich verdutzt an.

«Stadtpolizei.» Beide zogen ihre Ausweise hervor.

Missionarisch essen.

«Frau *Pippa Johannson* ist die Geschäftsführerin, habe ich richtig gehört?» Häfeli schaute die Serviererin verwundert an.

«Und sie kommt heute nicht mehr ins Geschäft, da sind Sie sicher?» Den beiden hatte es beinahe die Sprache verschlagen.

«Ja, sicher ist sie die Geschäftsführerin. Und sicher weiss man das nie, manchmal kommt sie sehr überraschend ins Geschäft. Kaum zur Türe raus, ist sie schon wieder da, fast unheimlich. Frau Johannson ist mit ihrem Bellochen, ein schwarzer Labrador, oder so was, in den ‚Beauty-Salon Cindy' an der Multergasse gegangen, zum Service; Krallen reinigen, Spitzen schneiden und so. Sie verstehen. Und wollte dann nach Hause, zum Lunch.»

Blöde Tussy, dachte Häfeli und sagte dann: «Bitte führen Sie uns in die Küche und zeigen uns Ihre Messersammlung.»

«Ich sammle keine Messer, ich sammle … Männer. Und Edelsteine. Beide möglichst gross!»

Die beiden hielten sich zurück. Kraienbühl beschränkte sich darauf zu hüsteln. Nicht verlegen, eher amüsiert. Häfeli verklemmte sich sein Lieblingswort. Chabis gab es sicher auch morgen wieder.

Der Küchenchef präsentierte stolz, was er hatte: «Cadillac de luxe 503», in verschiedenen Ausführungen: «Die besten Messer für den Profi mit einem extrem scharfen Schnitt, das garantiere ich Ihnen. Für Gemüse und Fleisch. Möchten Sie mal versuchen?»

Häfeli und Kraienbühl kannten diesen Schnitt bereits und verzichteten gerne.

«Fehlt Ihnen was?»

Der Küchenchef reagierte überrascht: «Nein, nicht dass ich wüsste, ich bin gesund, ein etwas hoher Cholesterinspiegel, vielleicht.»

«Das meinen wir nicht», sagte Kraienbühl genervt. «Ob Ihnen ein Messer fehlt?»

«Ach so ...» Wieder verneinte der Mann. «Wir sind komplett – nur die Chefin ist neu.»

«Dann ist es ja gut.

Passen Sie auf Ihre Messer auf. Auf Wiedersehen!»

Bier-Yoga.

Zurück im Amtshaus wichen sie geschickt dem Polizeivorstand aus, der irgendetwas fragen wollte. «Wir gehen gerade wieder, an einen Einsatzort, nach St.Georgen, keine Zeit jetzt» – um sich sogleich in ihr Büro zurückzuziehen. «Der Kummer geht mir nicht aus dem Sinn», sagte der Kommissar. «Entweder lassen wir ihn kommen – oder du rufst ihn an. Vielleicht ist er jetzt zu Hause? Frag ihn, was er in den Vadianhäusern zu tun oder zu verstecken hat.»

«Ok, versuchen wir es.» Kraienbühl nahm den Telefonhörer in die Hand.

Pause.

«Ah, grüezi Herr Kummer», sagte er dann, «Stadtpolizei Kraienbühl, schön, dass Sie zu Hause sind. Sie, wir haben uns Ihr Alibi nochmals angeschaut, ich stelle den Lautsprecher ein, Kommissar Häfeli hört auch zu, und äh ..., wir haben immer noch gewisse Zweifel. Es könnte ja auch alles völlig anders gewesen sein.»

«Es war aber so, wie ich Ihnen erzählt habe. Sie haben nichts gegen mich in der Hand, sehe ich das richtig? Haben Sie sich im *National* erkundigt?»

«Ja, ja, Herr Kummer. Wir haben aber noch eine andere Frage, was machen Sie eigentlich so häufig in den Häusern an der Hinteren Laube: ‚tiefer Keller' und ‚goldener Apfel'? Äh …, Sie wurden gesehen – mehrmals! Leider.»

«Was leider. Und wunderbar, ich wurde gesehen. Werde ich überwacht? Das erstaunt mich nun schon etwas … Obwohl, an sich ist es ja privat, und geht die Polizei nichts an. Aber ich sage es Ihnen gerne, damit Sie Ruhe finden, ich habe nichts zu verbergen. Ich bin in psychologischer Behandlung, wollte einen neuen Termin mit meiner Psychologin vereinbaren, Frau Dr. Sarasin. Die Sache mit Gabriela beschäftigt mich ausserordentlich stark, und bald habe ich wieder Semesterprüfungen. Andere werfen irgendwelche Pillen ein, ich nicht. Also: Gesprächs- und Maltherapie im ‚tiefen Keller', das kann ich nur weiterempfehlen. Sehr spannend, was da alles herauskommt, sage ich Ihnen – vielleicht wäre das etwas für Sie beide? Auch bei Burnout und Borderlining zu empfehlen, wissen Sie, ich studiere auch noch Psychologie, als zweites Standbein. In Zürich. Man kann nie wissen … Und Spinner gibt es immer genug. Goldiger Boden. Das ist die Zukunft.

Man kann dort an der Hinteren Laube aber auch, so quasi bei Vadian, Coaching oder Yoga buchen, Bier-Yoga, kennen Sie das schon? Reiki und Craniosacraltherpaie – alles was das Herz begehrt. Ich muss für meine Zukunft schauen, Sie verstehen.»

«Was, Kronentherapie, das macht doch sonst eher der Zahnarzt, nicht? Oder diese Zeitung in Österreich. Und zum Bier trinken brauche ich kein Yoga, gell. Zaubern? Na ja, ich weiss nicht.»

Kummer schwieg einen Moment, lachte dann und sagte: «Das weiss ich nicht, für Zaubertränke bin ich nicht zuständig. Und nebenbei: Im ‚goldenen Apfel' arbeite ich, Teilzeit. Seit einigen Jahren schon.

War's das?»

«Vielen Dank, Herr Kummer, sehr nett ...» Kraienbühl schüttelte den Kopf: «Aufgelegt! Das war wohl nix, eher peinlich. Besuchen wir nun die Johannson?»

«Hast du den Wagen in der Bereitschaft reserviert», erkundigte sich der Kommissar.

«Ja», knurrte Kraienbühl. «Aber das Beste ist, die haben gar kein Auto verfügbar, das glaubst du nicht. Abgefahrene Pneus, haben sie gesagt. Sie müssten zuerst neue besorgen …»

«Das gibt's doch nicht, Zustände wie in Rumänien sind das, wir fahren. Notfalls mit ‚abgelaufenen' Reifen!» Häfeli war wieder mal hässig. So viel Gleichgültigkeit und Ignoranz, nun auch noch in der Polizei-Garage. Unglaublich.

Unverzüglich fuhren die beiden Polizisten nach St.Georgen, parkierten vor dem *Mühleggli*, das graue Haus Nr. 47 stets im Blickfeld. Kraienbühl schaute nach, ob Frau Johannson bereits zu Hause war. War sie aber nicht.

Sie warteten im Wagen, langsam wurde es kühl, und hingen ihren Gedanken nach, versanken darin.

Tief. Trübsinnig.

Und windig auch noch – es roch wieder nach Schnee.

Pippa Johannson kannte Kevin Twerenbold, so viel war sicher, und sie hatte wahrscheinlich seinen Hund bei sich. Aber ein Paar?

«Ein spezielles Paar, schon fast exotisch, gell …; sie Veganerin, er Metzger, mit Hund. Waren die beiden wirklich ein Liebespaar gewesen, und wie lange schon?»

Liebespaare – ein Witz? Da gab es doch immer wieder Verwechslungen und Missverständnisse. Täuschungen und Einbildung: Liebt er oder sie mich oder sie ihn nun wirklich? Wirrungen der Natur.

Oder so.

Weshalb aber musste der Metzger sterben und vor allem: Wo ist das Messer? Der Schlüssel musste bei dieser Frau liegen; dann wussten sie allerdings immer noch nicht, wer Gabriela Kürsteiner umgebracht hatte.

Endlich sahen sie Pippa Johannson mit einem schwarzen Hund daher spazieren und in ihrer Wohnung verschwinden, attraktiv, schlank, entspannt, soweit man das auf die Distanz sehen konnte, die schulterlangen blonden Haare zu einem Rossschwanz zusammengebunden, dezent geschminkt, schwarz gekleidet, schwarze Strümpfe, rote Stiefel.

«Nicht übel!», Kraienbühl schnalzte mit der Zunge.

«Schnauze! Und etwas Zurückhaltung, wenn ich bitten darf!

Ich sage dir: Entweder war es der Kummer, oder die Johannson. Wenn nicht, müssten wir wieder von vorne beginnen. Oder doch der vermeintliche Chefmetzger von Grell AG, wie hiess der schon wieder?»

«Charles Wildbolz.» Kraienbühl hatte ein gutes Namengedächtnis. Und er erinnerte sich, dass er in dieser Sache noch nichts unternommen hatte. Gut, dass Häfeli nicht nachfragte. Die Causa Wildbolz würde sich wohl erübrigen. Das war das Beste für alle.

«Wir setzen jetzt alles auf die Karte Johannson! Mindestens am Tod von Kevin Twerenbold war sie irgendwie beteiligt, davon bin ich überzeugt.»

«Dann bleibt der Mörder von Gabriela Kürsteiner noch auf freiem Fuss», Kraienbühl wirkte etwas ratlos. «Oder doch Kummer?»

Die beiden warteten noch einige Minuten – eine wohl dosierte Anstandspause – und stiegen dann aus.

Blutige Hände.

«Sie sind unsere Hauptverdächtige», sagte Häfeli, nachdem sie Frau Johannsons Wohnung betreten und sich gesetzt hatten – fast unanständig unvermittelt: «Geben Sie zu, Herrn Kevin Twerenbold ermordet und in die Steinach gestossen zu haben, aus Eifersucht. Oder Sie wollten missionieren, ihn zur Mücke machen. Mücken sind aber auch keine Vegetarier.»

Yoko begann zu knurren.

Die Frau zuckte unter den Anschuldigungen zusammen, gewann aber rasch wieder ihre Fassung zurück.

«Ich, weshalb? Nicht dass ich wüsste. Ich gebe gar nichts zu, ausser, dass ich schon lange Zeit Single war, ich brauchte wieder mal einen Mann. Da habe ich zugegriffen. Kevin sah gut aus, hatte einen tollen Body, da war was dran, das kann ich Ihnen sagen. Interessiert Sie das überhaupt?»

Ohne eine Antwort abzuwarten erzählte sie weiter: «Jetzt reicht es mir aber schon wieder, ist doch immer dasselbe. Dafür habe ich nun einen Hund; ist ja gut, es ist auch ein Männchen – und jener von Kevin, der ihn nicht mehr wollte, er sei ihm zu anstrengend. So habe ich nochmals zugegriffen. Allerdings, für mich ist es – seit ich den neuen Job im *Mückenschnapper* habe – ich sage Ihnen das ganz ehrlich, auch schwieriger geworden. Die Übersetzerei war eine brotlose Sache, ich verdiente kaum mehr etwas damit.»

Pause.

«Und ich möchte inskünftig keine männlichen Tiere mehr …, damit ist nun ein für alle Mal Schluss!» Genau diese Meinung vertrat Häfeli bereits seit einiger Zeit – und er hatte längst beschlossen, falls Gipsy, sein Katzenmädchen irgendwann das Zeitliche segnen würde, unverhofft, zum Beispiel durch einen Unfall, wollte er erstens wieder eine Katze und zweitens eine weibliche. Nachdem er jahrelang mit Katern zufrieden gewesen war, dünkte es ihn, Kätzinnen lebten nicht nur weniger riskant und daher länger, sie seien auch wesentlich verschmuster. Also! Kein Kater mehr. Nie mehr.

Na ja, vielleicht einmal im Monat. Am Sonntagmorgen.

«Wie lange ist Kevin eigentlich schon verschwunden? Ich habe ihn gar nicht vermisst … Aber das tut mir natürlich leid!», bemerkte Pippa Johannson emotionslos. «Obwohl: Wir hatten uns in der letzten Zeit etwas aus den Augen verloren, uns rasch auseinandergelebt. So was kommt vor. Immer häufiger. Sie kennen das sicher auch, oder?»

«Nein, das kennen wir nicht! Aber wir beginnen, Sie langsam aber sicher besser kennenzulernen, zu durchschauen.» Häfeli verlor langsam aber sicher die Contenance – seine Geduld war zu Ende. «Dass Twerenbold tot ist, wissen Sie doch längst! Spielen Sie hier nicht die Heilige und hören bitte auf, herumzuschwätzen, das bringt uns nicht weiter.»

«Wie haben Sie Twerenbold kennengelernt», fragte Kraienbühl streng, «wir wissen, dass sie beide ein Paar waren. Vorwärts! Wie lange ging das schon?»

Pippa Johannson zögerte, begann dann aber flüssig zu erzählen, mit Tränen in den Augen. Aber es waren nur wenige, die sie fast ärgerlich wegwischte.

«An sich geht Sie das ja alles nichts an, aber ich bin kooperativ. Und kreativ. Also: Ich bin keine Heilige, natürlich nicht. Aber auch keine Mörderin! Das müssten Sie mir erst noch beweisen. Also! Kennengelernt haben wir uns im Restaurant, dem *Mückenschnapper*; dass Kevin Metzger war, habe ich erst später erfahren. Ein grauenhafter Beruf: Tiere töten, Auftragsmörder, Serienkiller, das Fleisch der armen Kreaturen auf den Markt werfen. Schaurig. Unappetitlich. Diese Sklaventreiber. Ich lebe seit meiner Kindheit vegetarisch, heute vegan. Und ich bin gesund, das sehen Sie doch – oder nicht?

Nun, wir sind dann sehr schnell miteinander, äh, ins Bett gegangen, wir waren beide etwas …, etwas ausgehungert, wenn Sie verstehen, was ich meine. Ich habe die Führung übernommen, war ja auch etwas älter als er. Minim. Aber da zählt letztlich die Erfahrung, nicht?» Pippa Johannson lächelte süffisant und blickte den Polizisten unverblümt ins Gesicht.

«Kevin war zu Beginn etwas verklemmt, möglicherweise war ich gar seine Erste, er brauchte noch etwas Nachhilfe, da und dort.

Inputs. Ideentransfer.

Männer sind manchmal so fantasielos, verstehen nicht, wie wir Frauen ticken, was wir brauchen, beim Ficken. Und generell! Männer sind …, genau:

Not inspired.

Unkreativ.

Und Egoisten!

Aber Kevin war durchaus lernfähig, zu Beginn, es lief dann immer besser zwischen uns, bis …»

«Bis was … jetzt schon wieder?» Häfeli und Kraienbühl spürten, dass sie nahe dran waren, aber an was eigentlich?

Des Messers Lösung!

«Bis ich seine Messersammlung in der Wohnung an der Metzgergasse sah. Da wurde mir speiübel, wenn ich daran dachte, wie er Fleisch tranchierte, mit blutigen Händen, die später meinen Körper berührten, streichelten, überall, nachdem sie einem dieser armen Tiere die Schlagader geöffnet hatten. Wie das Blut an die Wände spritzte. Und auf den Boden. Schrecklich.

Eine Sauerei.

Widerlich!

Ich wurde diesen Gedanken nicht mehr los – er wurde zu einer Obsession, obwohl Kevin mich beschwor, sie schlachteten bei Grell AG nicht mehr selbst – und er werde Vegetarier, sobald es gehe, und den Beruf wechseln. Er wolle nun auch nicht mehr an Tierleichen herumfummeln. Die rochen so seltsam. Nach Tod, sagte er.»

«Und was geschah dann?»

«Das Gegenteil.

Grässlich!

Plötzlich fing er wieder an, in meiner Gegenwart Steaks zu essen, dick und blutig, mehr noch als vorher. Und diese ekligen Würste. Dafür schlief er nicht mehr mit mir, oder nur noch selten. Nachdem er eine Wurst vertilgt hatte. Das habe ich nie durchschaut.

Sehen *Sie* einen Zusammenhang zwischen einer fetten Wurst und mir?»

«Ich mag Würste», Kraienbühl zuckte mit den Schultern – er liess sich nicht so schnell beeindrucken, wegen jedem Chabis schon gar nicht. «Obwohl, gesund soll das alles nicht sein, aber was ist denn heute schon gesund? Fleisch … Alles andere ist Beilage. Schweizer Fleisch.»

«Was fällt Ihnen ein?» Pippa Johannson warf ihm einen vernichtenden Blick zu. Ihre Augen blitzten. Gereizt.

«Die Sache erschien mir höchst verdächtig. Und so habe ich begonnen, Kevin auf die Finger zu schauen, Messer aus seiner Küche zu entfernen – zu meiner Sicherheit, dachte ich. Das erste habe ich nach Hause genommen, später dann aber verloren …

Ein anderes wieder zurückgebracht. Somit war die Sache für mich erledigt.»

«Verloren? Seltsam. Ein solches Messer verliert man nicht einfach so», Häfeli zweifelte. Ob diese Frau Johannson die Wahrheit sagte? Unwahrscheinlich.

Black magic woman – Kraienbühls Handy hatte einen tollen Sound.

«Du, Carlos Santana können wir jetzt gar nicht brauchen, lass es», Häfeli schaute seinen Assistenten ärgerlich an. Doch dieser hielt sich nicht daran.

«Es ist wichtig, glaub mir!»

Er nahm den Anruf entgegen.

Pause.

«Super.

Keine Zweifel, bist du sicher?

Vielen Dank – und tschüss!»

Endzeitzauberwürste.

Kraienbühl kritzelte einige Zeilen auf einen «Fresszettel» und hielt ihn Häfeli hin:

Gabriela Kürsteiner. Taxis überprüft. Kummer ist draussen!

«Aha», sagte Häfeli.

«Interessant. Danke. Der Nebel lichtet sich!

Und jetzt wieder zu Ihnen, Frau Johannson, wo waren wir, bei den Würsten …, erzählen Sie weiter. Und bitte keine Märchen!»

«Nix da, Würste!

Aber ich kam seinen anderen fleischlichen Gelüsten auf die Spur, oh …, wer hätte das gedacht. Ein Fass ohne Boden!

Kevin wollte nie Vegetarier werden, hat mich diesbezüglich wohl immer verschaukelt – alles leeres Geschwätz, Schall und Rauch. Sein Hund ebenfalls, der hat mir aber auch nie etwas versprochen. Gell Yoko!» Sie kraulte den Labrador am Hals, strich ihm übers Fell.

«Ich wollte beide von ihrer Sucht heilen, ihrer Fleischeslust.

Fleisch ist des Teufels.

Essen *Sie* immer noch Fleisch?»

«Chabis!»

«Chabis ist gut – und tut gut. Das freut mich, das hätte ich Ihnen gar nicht zugetraut!» Sie schaute unverfroren indiskret und ungeniert auf Häfelis Bauch. «Führt natürlich zu Blähungen, in der Regel, und Abgasen. Aber das ist weiter nicht schlimm. Kühe furzen bekanntlich auch um die Wette! Ein Blasorchester auf der Weide. Imposant!»

Häfeli wunderte sich über die Impertinenz dieser Frau. Die hält uns für Deppen – oder lebt in einer völlig anderen Welt. Oder beides. Jedenfalls ist sie blitzgescheit.

«Ich wusste nicht, dass Kevin erstochen wurde!»

«Sind Sie sicher? Es stand nichts dergleichen in der Zeitung ...»

Die junge Frau sank etwas in sich zusammen, kaum wahrnehmbar.

Häfeli blickte Kraienbühl direkt in die Augen, etwas giftiger als angezeigt gewesen wäre: «Schau bitte mit Frau Johannson in der Küche nach, was noch vorhanden ist. Messer sind gefragt. Und Lösungen! Mir wird dieses Gelaber langsam zu bunt, wir sind hier nicht an einem Bunten Abend im Adler Saal, mit der Pfadi. Oder der Knabenmusik.

Also: Vorwärts jetzt!»

«Das dürfen Sie nicht ...», kreischte Pippa Johannson aufgeregt.

«Wir dürfen sehr wohl, Gefahr in Verzug, so nennt sich das, Sie kennen das doch aus den Fernseh-Krimis.»

Einen Augenblick später kam Kraienbühl triumphierend mit einem langen Messer zurück. «Das dürfte es wohl sein. 'Cadillac', und so weiter. Schön und richtig scharf, wie wir es kennen, gell. Wahrscheinlich mit Spuren, möglicherweise auch Blut. Sauber abgewischt, aber das werden wir sehen.»

Lüstling und Lehrmeisterin.

«Von welchem Geheimnis sprachen Sie vorhin, Frau Johannson?» Häfeli trommelte mit den Fingern auf dem Tisch herum.

Kreidebleich machte diese eine längere Pause.

Kraienbühl begann nervös mit den Füssen zu scharren.

«Geheimnis? Äh … Ja! Ich wurde eifersüchtig, angesichts, na ja: An sich wollte ich nie mehr abstinent leben. Und nun war es schon wieder so weit. Offenbar hatte Kevin hier im Hause Gabriela Kürsteiner kennengelernt, als ich nicht zu Hause war – die beiden verliebten sich ineinander …»

Pippa Johannson schüttelte unwillig den Kopf.

«Gabriela war hübsch, zweifellos. Und sexy. Jünger als ich. Aber ich konnte das doch nicht akzeptieren, diese externe Beziehung, direkt unter mir. Kevin war immer über oder hinter mir, er liebte das so.»

«Bitte jetzt keine Geschmacklosigkeiten, auf peinliche Details verzichten wir im Moment gerne», sagte Kraienbühl. Ausgerechnet er.

«Eine Treppe hinunter, und ich hatte das Nachsehen.

Wie beim Leiterlispiel.

Adieu!

Ich stellte Kevin zur Rede. Er schrie mich an, die Sache sei gegessen, ich hätte verloren. Er wollte mich nicht mehr sehen, und wir müssten nun aufpassen, dass wir uns in diesem Haus nicht dauernd begegnen würden. Oder ob er alles Frau Flammer erzählen solle? Das gäbe dann schon die richtige Stimmung.»

«Gemein war er, bodenlos gemein. Geradezu unflätig untreu!

Undankbar.

Ich habe Kevin geliebt, ihn gefördert, so gut es ging.

Männer sind so gemein!

Sie auch?»

Provokativ blickte sie Kraienbühl an, der es vorzog, zu schweigen.

Und Häfeli regte sich wieder mal auf. Unnötigerweise.

«Also gut jetzt, weiter! Gestehen Sie den Mord an Kevin Twerenbold?»

Pippa Johannson zögerte, überlegte.

Zauderte.

«Warten Sie's ab! Aber ich erwarte in jedem Fall mildernde Umstände, was ich Ihnen immer auch erzählen werde», sagte sie schliesslich. Kaltschnäuzig. Ein verkrampftes Lächeln huschte um ihre Mundwinkel.

«Ich bin das Opfer eines notorischen Lüstlings geworden. Sie beide würden sich das nie gefallen lassen, davon bin überzeugt. Aber hören Sie zu:

Das Problem war diese Gabriela Kürsteiner. In jener Freitagnacht habe ich in der Schlucht auf sie gewartet, fror mir dabei fast die Beine ab. Ich sah sie schon von weitem kommen, fröhlich, aufgedonnert und zufrieden. Kunststück. Sie Herr Häfeli sah ich übrigens auch, versteckte mich hinter einem Gebüsch und liess Sie vorbeigehen. Gabriela trällerte etwas vor sich hin, *Love is everywhere*, oder so. So ein Schmarren. Als sie mich sah, lachte sie mich an, dann aus, sagte, sie käme soeben von Kevin, und es sei wieder sehr, *sehr* schön gewesen! Ich sei eine ganz passable Lehrmeisterin. Eine Frechheit, so was zu sagen, mir ins Gesicht! Ob ich ihr noch etwas zeigen könne, etwas Spezielles, Verrücktes, heute Abend bei mir in der Wohnung, um Kevin morgen zu überraschen und zu *beglücken!* Freches Biest.» Pippa Johannson schüttelte den Kopf.

«Spontan packte ich Gabriela Kürsteiner und drückte ihr den Hals zu.

Hart.

Kompromisslos.

Ohne sie anzublicken.

Gabriela wehrte sich. Doch ich bin stark! Sie wurde ohnmächtig.

Dann stiess ich sie in den Bach. Sie und die Steinach murmelten und gurgelten – aber niemand hörte sie.

Gabriela hat mir Kevin weggenommen.

Ein Luder! Wer hätte das gedacht.

Ich wollte doch nur, dass Kevin zu mir zurückkommt, nun, da diese Gabriela verschwunden war. Aber ich hatte mich getäuscht, gründlich.»

Häfeli atmete tief durch. Kraienbühl klickte auf seinem Handy herum. Lustlos.

«Und das Messer?»

«Kevin suchte nach Gabriela, kam zu mir, fragte mir Löcher in den Bauch, durchschaute mich rasch. Er wollte zur Polizei gehen, sofort. Kevin hatte kein Mitleid mit mir – das kannte er nicht. Ich bat ihn um ein Gespräch, wir könnten nochmals von vorne beginnen, jetzt erst recht, wir hätten nun ein gemeinsames Geheimnis. Und unsere Liebe …

Erfolglos, in jeder Hinsicht. Ich hatte verloren. Definitiv.

Kevin lachte mich aus, unsere Liebe sei Nonsens gewesen, sagte er, rastete plötzlich aus, schlug mir ins Gesicht, beschimpfte mich.

Ich liess auch diese Demütigung über mich ergehen. Aber nur kurze Zeit noch, ich hatte ja nichts mehr zu verlieren. Auf jenem Mäuerchen über dem Müllertor und der Talstation der Mühleggbahn habe ich ihn erstochen, mit Blick auf die Kathedrale. Von hinten in den Rücken, nachdem er sich kurz umgedreht hatte – er spürte es kaum, ein gnädiger Tod. Kevin war nicht mehr bei mir, stöhnte – und plumpste ins Wasser, verschwand unverzüglich im schwarzen Loch, ein schwerer Brocken, glucksend, im Übrigen aber erstaunlich lautlos.

Auf Nimmerwiedersehen!

Dachte ich.

Dann bekreuzigte ich mich, winkte zu den Gemächern des Bischofs hinüber, aber der war wohl schon im Bett oder in seinem Weinkeller.

Sind Sie auch aus der Kirche ausgetreten?»

Die Polizisten schwiegen.

«Also doch.

So!

Ich stieg die Schlucht empor, zurück nach Hause – niemand begegnete mir, duschte ausgiebig. Schön heiss. Und ass gut, ein schönes Kartoffelgratin, mit Lauch, und Zwiebeln und Sellerie, Petersilien, einen Tomatensalat, trank dazu einen schönen Italiener. Dann ging ich ging ins Bett, und schlief – endlos. Eigentlich wunderbar. Nicht?»

Häfeli schüttelte den Kopf und Kraienbühl blickte auf seine Schuhe, die schlecht gebunden waren.

«Nochmals: Wo ist das Messer geblieben?»

«Das Messer. Ein schönes, ein langes. Ich vergrub es auf dem Freudenberg, beim Seelenhof. Kennen Sie dieses einsame Gehöft? Gesehen hat mich offenbar niemand. Das Messer in Ihrer Hand ist sauber, bis jetzt …»

«Sie haben zwei Menschen ermordet, ich verhafte Sie, sofort, Frau Johannson! Wir werden das Messer finden dort oben, beim Seelenhof; noch besser: Sie zeigen uns, wo Sie es vergraben haben. Wollen Sie noch etwas zusammenpacken, Kleider, für Ihre neue Unterkunft?»

«Und du Kraienbühl, bringst den Hund ins Tierheim. Auf der Stelle. Da landet er nun doch noch. Der arme Yoko! Dort bekommt er wenigstens genügend Fleisch – oder bereits Convenience? Verabreichen den Hunden Chabis, homöopathisch dosiert, Bio sowieso.»

Häfeli hatte nichts gegen Bio einzuwenden, aber eben so wenig gegen eine fette Blutwurst. Vom ‚Grell'. Oder eine Bratwurst, vom Grill.

«Kraienbühl, das Messer nehmen wir mit, zur Sicherheit!

Los, machen wir uns auf den Weg.»

«Stopp!»

Die Stimme war hart, scharf, nicht schrill, aber bestimmt. Weiblich. In der offenen Tür des Schlafzimmers stand – Pippa Johannson: Schulterlange blonde Haare zu einem Rossschwanz zusammengebunden, dezent geschminkt, schwarz gekleidet, schwarze Strümpfe, rote Stiefel.

Eine Sinnestäuschung.

Eine Kopie.

Oder was?

Absolut identisch: Augen, Haarfarbe, Frisur, Stimme, Lippen, Grösse, Figur, Kleider, Schuhe.

Mimik und Lächeln ebenso.

Und alles nicht zu knapp.

Eine aufregende Performance.

«Heiligs Kanonenverdienstrohr!», entfuhr es Kreienbühl.

«Das ist meine Zwillingsschwester, Fjörda», sagte Pippa Johannson. «Sie ist eine Minute älter als ich. Fjörda ist schön. Wir sind wie eine Seele, in zwei Körpern, verstehen uns blind, wissen, wie die andere denkt und tickt. Unsere gemeinsame Geschichte, unser Leben in Finnland war schwierig, das können wir nie vergessen. Unser Vater, ein Trinker, aber lieb, mindestens zu uns. Wir lebten in Hämeenlinna, einer Stadt mit etwa 60'000 Einwohnern etwas kleiner als Sankt Gallen, in der Provinz Häme, im Süden Finnlands. Mit Häme hat es aber nichts zu tun, eher mit Ironie: Als wir 11 Jahre alt waren, hat uns unsere Mutter verlassen – wir haben es ihr nie verziehen!

Sie ist mit ihrem neuen Freund verschwunden, vermutlich nach Argentinien, würde ich heute sagen. Buenos Aires. Oder so. Wir verloren rasch den Kontakt und hörten irgendwann nichts mehr von ihr. Wir wissen nicht einmal, ob sie noch lebt – und waren meist auf uns allein gestellt. Gemeinsam allein. In Finnland. Und traurig. Mit unserem Vater. Und seinen Flaschen.

Wir haben das Vertrauen in die Menschen verloren. Abgeschminkt. Wohl definitiv!

Fjörda und ich gehören zusammen, für immer!»

«Das ist ja wunderbar», Kraienbühl verzog das Gesicht.

Ob ich auch nach Buenos Aires abreisen sollte? scheint eine valable Option zu sein, Tango tanzen kann ich ja schon.

«Also. Gehen wir!»

«Was erzählst du da?», fragte Häfeli seinen Assistenten, der jedoch nur den Kopf schüttelte.

«Sie wissen wirklich nichts über Ihre Mutter? Heiratete sie ihren Liebhaber? Kennen Sie seinen Namen? Hatte sie Kinder mit diesem Mann? Wie hiess Ihre Mutter?»

«Wir waren zu diesem Zeitpunkt noch Kinder, können uns kaum mehr an sie erinnern. Ihr Gesicht. Ihre Stimme. Wirklich. Eigentlich schade!»

«Und der Name?»

«Unsere Mutter hiess – oder heisst immer noch – Magdalena», sagte Fjörda. «*Er* hatte zwei Vornamen, im Gegensatz zu uns, lassen Sie uns überlegen. Aber weshalb interessiert Sie das überhaupt?»

«Warten Sie's ab, aber es könnte spannend für Sie sein. Könnte.» Häfeli blickte die beiden Schwestern vielsagend an.

«Der Liebhaber unserer Mutter war Ausländer, er sprach nur gebrochen finnisch, vermutlich war er Argentinier – und Fussballfan. Wohl ein recht einfacher Geist, wie sagen Sie immer, Herr Häfeli? Chabis! Unsinn! Und wegen diesem Kerl hat sie uns im Stich gelassen. Sie unterhielt sich mit ihm auf Englisch. Wie gesagt hatte er zwei Vornamen ..., aber welche? Gute Frage. Wir haben ihn kaum je gesehen. Ich weiss es nicht mehr. Oder doch? Ich hab's: Der erste Name war Eduard oder Eduardo, und der zweite? Warten Sie, es liegt mir auf der Zunge. Doch, an unserem 10. Geburtstag hat er uns Geschenke mitgebracht, unsere Mutter hat ihn als *Onkel Eduardo* vorgestellt. Eduardo Filipino. Oder so. Ja, so könnte es gewesen sein. Was meinst du, Pippa?»

Die beiden Schwestern schwiegen, blickten den Kommissar fragend an.

«Na ja, wir haben im Zusammenhang mit einem Todesfall in Buenos Aires, dessen Spuren bis nach Sankt Gallen führen, eine Todesanzeige in die Hand bekommen, auf der unter anderem ein *Eduardo Filipo* Perez *Johannson* und seine Frau *Magdalena* Perez *Johannson* aufgeführt ist; die beiden haben eine Tochter: *Santa Magdalena*.» Pippa und Fjörda Johannson zuckten zusammen.

«Wie gesagt», fuhr der Kommissar fort, «die Mutter von diesem Eduardo Filipo lebte einige Jahre in Sankt Gallen und verschwand dann unter mysteriösen Umständen, wie wir heute wissen nach Argentinien. Anna Lebruellement, hiess die Frau, später verheiratet mit Antonio Perez. *Eduardo Filipo Perez Johannson,* ihr Sohn, ist womöglich der Liebhaber Ihrer Mutter, inzwischen mit ihr verheiratet. Sie lebt also noch, wenn wir uns nicht gewaltig irren. Aber es gibt interessante Übereinstimmungen. Ob diese *Santa Magdalena* Ihre Stiefschwester ist, liesse sich problemlos abklären. Wir schauen mal, was wir tun können, wenn Sie beide das wünschen ....

Aber nun zurück zu Ihrem Fall – wir haben hier zwei ungeklärte Todesfälle. Gabriela Kürsteiner und Kevin Twerenbold. Ermordet. Von Ihnen Frau Pippa Johannson. Oder von Ihnen gemeinsam? Los, erzählen Sie!»

«Ich habe alles gehört, was hier gesprochen wurde», begann Fjörda Johannson. *Ich* habe Kevin ermordet, nicht Pippa, sie will mich schützen. Er hat es verdient. Lassen Sie meine Schwester in Ruhe!»

Fjördas Auftritt war ebenso beeindruckend wie überraschend. Eindeutig. Und klar.

Keine Frage.

Selbstbewusst.

Stark!

War sie die Hauptperson?

War sie die Lösung, die Mörderin, der Kopf der beiden Schwestern? überlegte Häfeli blitzschnell.

Oder wer. Oder was?

«Wir leben schon lange gemeinsam, in dieser Wohnung, niemand hat es bemerkt, nicht einmal Frau Flammer, und auch nicht im *Mückenschnapper*. Eine Wohnung. Ein Bett. Meistens. Wir sind gut, ein Team!

Wir lieben uns.»

Zwei Schwestern.

Eine Steuererklärung. Ein Job. Ein Leben. Eine Identität. Ein Hund. Ein Messer. Ein Lover.

Zwei Morde.

«Kevin war süss, Kevin war jung, Kevin war gut im Bett. Wir genossen das. Er durchschaute uns nicht. Er schlief mit uns, zwei verschiedenen Frauen – und hat es nicht bemerkt. Wir waren *ein* Paar. Und niemand war eifersüchtig, gell Pippa, bis …, ach ja, Sie wissen ja. Aber es war schön! Wir waren uns sehr nahe, meinten wir, alle drei, obwohl immer nur zwei dabei sein konnten. Das war das Hauptproblem, eine von uns beiden musste jeweils verschwinden, ins Migros-Restaurant, in den Wald, mit Yoko, auch bei Regen, oder in die Herberge zur Heimat. Mühsam. Andererseits war es auch ein ultimativer Kick: Was macht die Schwester, gerade jetzt – sitzt sie mit Kevin am Tisch, beim Abendessen und einem Glas Wein, hören die beiden Musik, oder lieben sie sich, im Bett, auf dem Fussboden … In der Badewanne. Mehrmals.

Vielleicht auch umgekehrt.

Und ich sitze in der Herberge zur Heimat. Allein. Heimat. Ein merkwürdiger Begriff. Ohne Heimat. Meine Heimat habe ich längst verloren. Meine Heimat war Finnland. Obwohl wir uns in Sankt Gallen schnell zu Hause fühlten.

Die Schwester war immer präsent – mit uns. So waren wir zu Dritt. Vereint. In Gedanken. Wir beide, wussten, dass wir gemeinsam *so* keine Zukunft hatten. Aber was sollten wir tun?

Kevin spürte nichts davon.

Ein Versager.

Ein Tölpel.»

Pause.

«Wir haben Kevin geliebt, getötet, geopfert. Gemeinsam. Im Geiste. Mehrmals. Pippa war das nicht. Sie tun ihr Unrecht, sie übersteht das alles nicht. Nehmen Sie *mich* fest. Jetzt, sofort!»

Pause.

«Das Leben ist seltsam.

Das Leben ist grausam. Schön.

Manchmal.»

«Fjörda lügt, sie war es nicht, sie will mich beschützen, bewahren, wie immer», schrie Pippa Johannson. «Ich habe Ihnen alles erzählt. Verhaften Sie mich, los!

Fjörda bleibt in dieser Wohnung und sorgt für Yoko. Ein Andenken an Kevin.»

Häfeli und Kraienbühl schauten sich an, sprachlos.

Zwei sich liebende Mörderinnen, mordende Liebhaberinnenschwestern? Ohne Zukunft? Eine Mörderin zu viel. Das stand für Häfeli fest. Oder doch nicht?

Etwas verzögert, wie wenn es ihm leidtäte, fast behutsam und leicht verlegen nahm Häfeli Pippa und Fjörda Johannson an der Hand, eine auf jeder Seite, zwei schöne Frauen, intelligent, zweifellos, Kraienbühl den Hund an die Leine und öffnete die Wohnungstüre, schloss sie ab.

Leise.

Berta Flammer stand im Flur, machte vielsagende Grimassen, sprach vom Jüngsten Gericht und dass sie das alles vorhergesehen habe. Schon lange Zeit. Nur dass es zwei Pippa Johannson gebe, das hatte sie bei aller Sorgfalt übersehen, brachte sie nicht auf die Reihe. Verwirrt schüttelte sie den Kopf.

Ein Wunder?

Merkwürdig. Wunder seien doch selten geworden, meinte Berta Flammer.

Pippa Johannson schien innerlich zerbrochen zu sein, mehr noch als ihre robustere Schwester mit ihrem versteinerten Gesicht, einige verlassene Tränen rannten über ihre Wangen.

Dem Gefängnis entgegen.

Separiert.
Die finnischen Schwestern. In Sankt Gallen.
Jede für sich allein.

Voneinander getrennte Zwillinge.
Endgültig.
In einer anderen Welt.

Finaler Sch(l)uss.

«So, hast du gestern Nacht beim Toni Wucherer an der Spisergasse ganz dick eingekauft, wie ich höre; Weihnachts-Juwelen für Sabrina?» Kraienbühl lachte hämisch.

«Ich, wieso? Wir sagten doch, dass wir gemeinsam hingehen würden … Falls überhaupt. Nein, ich hatte noch keine Zeit – und auch keine Lust dazu.»

«Du, hast du den E-Rapport noch nicht gelesen? Etwas nach Mitternacht wurde gestern ‚Wucherers' Laden ausgeräumt, brachial, aufgebrochen, das Schaufenster mit einem schweren Jeep zerstört, die Vitrinen ausgeräumt, Schmuck, Uhren, Ketten, das Feinste vom Feinen. Kenner vor Ort. Alles da, was das Herz begehrt, alles bereit für das Weihnachtsfest, also jetzt nicht mehr, beim ‚Wucherer'. Und dann …»

«Erzähl weiter, gibt es bereits erste Ergebnisse, Spuren?»

«Nein, nicht eigentlich. Die Gauner raubten den Laden aus, wie gesagt, professionelles Vorgehen und Timing, blitzschnell, dann flüchteten sie via Turmgasse, St.Laurenzenkirche zum Klosterplatz. Dort, nahe beim Christbaum, wurden die Banditen von einem Helikopter abgeholt, man glaubt es kaum. Als unsere Leute eintrafen, war schon alles vorbei …»

«Und der Helikopter?» Häfeli runzelte die Stirn.

«Heute Morgen rief ein Bauer aus dem Rheintal an, in einer seiner Wiesen in Oberriet stehe ein Flugzeug. Einsam und verlassen. Die Kantonspolizei wertet die Spuren aus, passt ja nicht in unser Beuteschema, der Fall. Gell!»

Häfeli nickte.

«Und dein Weihnachtsgeschenk für Sabrina?»

Pause.

Häfeli legte das Bleistift weg.

«Schluss jetzt! Endlich können wir wieder einen Fall zu den Akten legen. Aufatmen. Und schön durchschlafen. Jetzt kann Weihnachten kommen – auch ohne Geschenke.» Der Kommissar dachte an die lichterfrohen Installationen seiner 'Lieblingsnachbarn' Hugelshofer und Engels: Schneemänner, Samichläuse,

Gartenzwerge, süssliche Engeli, Weihnachtskühe, behornt, allerdings, und -kälber, Lichterketten und Girlanden, tanzende und singende Weihnachtsbären, künstliche Riesenkerzen – alles was irgendwie leuchtet, kam in Frage – der gesamte Garten lückenlos und grandios überstellt. Romantik pur. Oder Kitsch zum Abwinken.

Ob Sabrina alle Geschenke gekauft hatte?

Ihres fehlte noch …

Kraienbühl nickte und schmunzelte. «Ja, nun ist der Schuss draußen; gut so. Endlich! Die Rechtsmedizin hat die beiden Leichen freigegeben, Gabriela und Kevin, im Tod wieder vereint. Ich informiere die Eltern von Gabriela Kürsteiner, damit sie die Beerdigung vorbereiten können. Aber was machen wir mit der Leiche von Twerenbold? Die Mutter mit Alzheimer im Pflegeheim. Schwierig.»

«Wir machen da gar nichts. Das soll unser Adjünktli für uns übernehmen, der Büttikofer. Wozu haben wir denn so viele Juristen? Diese Weihnachts-Leiche soll nicht mehr unsere Sache sein, gell.»

«Übrigens: Fjörda Johannson hat mich gefragt, ob sie an der Bestattung von Kevin Twerenbold teilnehmen dürfe. Schwierig, nicht? Ich würde sie begleiten …»

«Du? Lieber nicht. Sonst …, na ja. Gell.

Auch das ist ein Fall für unseren Büttikofer», sagte Häfeli.

Pause.

«Aber wer ist denn nun wirklich die Mörderin, Pippa oder Fjörda Johannson, oder beide gemeinsam? Wer hätte das gedacht. Mit wem haben wir bei unseren Vernehmungen gesprochen, mit Pippa oder ihrer Schwester? Wir wissen es nicht, haben nichts gemerkt. Wir können die beiden nicht auseinanderhalten – und haben *zwei* Geständnisse.

Und diese Verbindung zu Anna Lebruellement, via Argentinien nach Finnland, wer hätte das gedacht. Verrückt!»

Der Kommissar zuckte mit den Schultern.

«Du hast recht, eine unerfreuliche Situation, aus der Retrospektive grotesk. Wir wussten nie genau, wen wir vor uns hatten und glaubten immer, mit *Pippa* Johannson zu reden. Sie tötete Gabriela Kürsteiner, die andere Kevin Twerenbold. Oder war es umgekehrt? Oder eine beide, aber welche der beiden Schwestern? Sie haben auch uns getäuscht, übertölpelt.

Sind auch wir Tölpel? Wenn du mich fragst …, ich glaube, eine der Schwestern hat *zweimal* getötet. Aber welche?

Wie dem auch sei … Der Fall ist für uns abgeschlossen, und auch für Yoko! Oder möchtest *du* den Labrador nach Hause nehmen? Der ist wohl der einzige, der das Spiel durchschaut hatte, von Anfang an. Aber er hat uns nichts erzählt. Blödes Viech!

Sollen sich doch die Richter darum kümmern!»

«Weisst du, was mich am meisten beschäftigt», sagte Kraienbühl: «Wieso verlassen eigentlich so viele das Land ihrer Geburt, ihre Heimat, ihr Land, nicht nur arme Leute. Ist das Mode geworden – chic, oder was? Anna Lebruellement und ihre Mutter, Antonio Perez, die finnischen Zwillinge, und deren Mutter.»

«Irgendwie zynisch. Gell!»

«Was ist eigentlich mit dem Vater der Zwillinge, lebt der noch?»

«Keine Ahnung. Na ja, du kannst ja Fjörda Johannson mal fragen, gelegentlich … Für uns ist das alles nicht mehr wichtig!»

«Du, komm, wir versuchen fröhlich zu sein», unterbrach Kraienbühl den Kommissar. «Wollen wir schon mal ein Weihnachtslied anstimmen, zusammen mit Freiluft-Dieterle an der Flöte: *Oh du Fröhliche* ... Der hat uns noch nicht einmal gratuliert! Soll ich einen Wein aus dem Archiv holen?»

Häfeli lachte, schüttelte aber den Kopf dazu. «Nein, wir gehen ins *National*. Ich lade dich ein, du hast es verdient!»

«Einverstanden, gerne. Du, ich wollte Fjörda Johannson noch einiges fragen, hab's aber dann verpasst, zum Beispiel: ‚Essen Sie Fleisch; gibt es da noch andere Unterschiede zu ihrer Schwester, äh …, Vorlieben, Präferenzen, und welche, so ganz generell nebenbei? Ich denke schon. Eine spannende Frau! Vermutlich ein Wassermann!

Ob ich sie im Gefängnis besuchen sollte?»

Pause.

«Davon würde ich eher abraten», sagte Häfeli.

«Spielverderber! Wann wirst du nun endlich Vegetarier, Chef?»

Häfeli schwieg, war zufrieden. Aber er fühlte sich ausgepumpt, müde, versank wieder in seiner Gedankenwelt: Morde, irrwitzige Verbrechen, Diebe, Stalker und Vergewaltiger; das geht an die Nieren. Hatte das alles in den letzten Jahren nicht stark zugenommen?

Unangenehm.

«Komm jetzt, wir gehen ins *National*, zu einem Bier oder zwei», sagte Kraienbühl, «und Chäschüechli oder Weisswurst». Er legte den Kugeli auf den Schreibtisch.

«Was hast du gesagt? Ja, ja, gehen wir.» Häfeli stand auf und liess den Stuhl lieblos stehen, zwei Meter vom Pult entfernt.

Auf diesem Stuhl hatte sich sein Vorgänger erschossen. Am nächsten Tag hätte er wieder ins Kantonsspital eintreten müssen, Chemotherapie, palliativ – «damit Sie weniger Schmerzen haben». Das Krebsgetier hatte gute Arbeit geleistet und das meiste angeknabbert, vieles aufgefressen, anderes verseucht. Es wären nur noch wenige Wochen geblieben, die er sich sparen wollte. Er fürchtete sich vor den Schmerzen, obwohl die Mediziner gesagt hatten: «Da können wir Ihnen helfen, vertrauen Sie uns!»

Er vertraute lieber seiner Pistole: Ein Gnadenschuss. Den gönnte er sich nun. Von Herzen. Es war Zeit für ihn zu gehen.

Mit Lena hatte sich Häfeli wieder einmal zerstritten – die Gründe lagen zumindest für ihn im Dunkeln, in den Sankt Galler Nebelschwaden gut versteckt, und blieben dort meist, bis die Sonne sie gnädig auflöste. Doch dieses Mal schien es endgültig zu sein. Obwohl, endgültig war nur der Tod, und nicht einmal das war sicher.

Übermorgen ist Weihnachten.

Definitiv.

Es hatte wieder zu schneien begonnen.

Stark.

Häfeli liebte diese leisen, weissen, samtigen Flocken, die die Augen küssen. Die Nase. Die trockenen Lippen. Wie ein kleines Mädchen. Immer wieder. Er versorgte die Pistole im Pult, schloss sorgfältig ab. Und löschte das Licht.

Kein Blick zurück.

Manana es otra dia – morgen ist wieder ein Tag!

Wer weiss, vielleicht ohne Nebel.

Häfeli mochte den schützenden Mantel des Sankt Galler Nebels.

Der ihn unsichtbar machte.

Andere wurden dabei depressiv.

Häfeli nicht.

Häfeli wurde in Rimini depressiv.

C'est la vie!

Frohe Weihnachten.

Für alle.

Pour tous.

Para todos!

Ohne Detailklauberei. Für einmal.

Epilog: Au revoir im Galgentobel.

Häfeli ging ohne Fäderläsis ins Bett, angesäuselt, nein, nicht betrunken, aber zufrieden. Entlastet. Ein flüchtiger Gutenachtkuss. Ein Kuss auf der Flucht?

Sabrina schaute noch eine dieser beliebig doofen Seifenopern. Häfeli mochte nicht Fernsehen. Quatsch als Programm, meistens, vor allem bei den Privaten. Und im Büro. Er schlief rasch ein, entspannte sich, zunächst. Der Alkohol tat seine Wirkung. Gut so.

«Bertold, du schnarchst wieder», hörte er die Stimme seiner Frau, aus der Ferne. Sie ging ihm manchmal gehörig auf den Wecker, obwohl er meinte, sich daran gewöhnt zu haben. Vermutlich hatte sie sogar recht, mit dem Schnarchen. Er schlief und schnarchte weiter, schreckte immer wieder auf, träumte seltsames Zeug.

Krachend entgleiste die Mühleggbahn, prallte an die Tunnelwand, die Funken sprühten, Sterne, fast wie am Seenachtsfest; dieses Jahr hatte er es wieder nicht geschafft, mit Sabrina hinzugehen. War es die alte Bahn mit der offenen Plattform, oder der Schräglift, der häufig außer Betrieb war? Er konnte es nicht erkennen, der Feuerwehrkommandant schob sich breitschultrig ins Blickfeld. Offenbar hatte es Verletzte gegeben. Er glaubte, Lena Rabenschwarz Bölsterli zu erkennen. Der Stadtpräsident und Finanzvorstand winkte mit einem Kässeli vor dem entgleisten Wagen – ah, der sammelt Geld für das neue Bähnli. Die Sanierung war überfällig. Der meist cholerische Direktor der Bahn spielte auf der Flöte das *Ave Maria*. Sensationell! Und ohne Fehler.

Beim Förderverein des Botanischen Gartens hielt er ein Impulsreferat, ‚Selbstverteidigung im urbanen Garten von Smart City – wie gegen Räuber, Übergriffe der Verwaltung und zornige Hunde vorgehen?' Vor ihm im Kreise der Lieben sassen ausschliesslich ältere Leutchen, ü70 oder so, nach den ersten paar Sätzen schliefen die ersten bereits ein. Einer in der hintersten Reihe schnarchte.

Ziemlich laut.

Aber die Stimmung war gut.

Wohlig.

Entspannt.

Dann sah er sich am Rande des Voliere-Weihers im Stadtpark stehen, der hässliche Maschendrahtzaun – wie in einem alten Gefängnis – war verschwunden. Modriger Geruch von fauligem Wasser und Vogelkacke drängte sich ihm in die Nase. Süsslich penetrant. Aber was war das dort draussen, das aussah wie ein Gepäckstück, länglich und grau? Eine fette Ente, ebenfalls grau, hockte auf der oberen Seite, im fahlen Licht nur vage zu erkennen. Ein Koffer?

Häfeli kniff die Augen zusammen, jetzt sah er es genau: Nein, kein Koffer, das war doch …, eine Leiche! Ein Mann, soviel stand fest, das Gesicht war zwar weitgehend durch das braune Wasser verdeckt, Konturen waren jedoch sichtbar, ein dunkler Schnauz, die Haare. War das nicht Dr. Waldvogel von der Voliere, oder der Stadtbaumeister? Ueli Meisterhans-Abendruh, der ihn stets an einen Grill-Ueli erinnerte, also nicht an jenen des Schweizer Fernsehens, aber immerhin. Einer der bei jeder Gelegenheit mit seinen Würsten brilliert. Und schwatzt. Schwatzt. Schwatzt.

Pausenlos.

Ein Pausenclown.

Daher wohl auch der Übername. Grill-Ueli.

Häfeli schreckte auf, mit einem widerlichen Geschmack im Mund, ein unangenehmes Geräusch hatte ihn aus dem Schlaf gerissen.

Ärger in der Nacht.

Auch das noch.

Statt ausschlafen.

Wer störte zu dieser Unzeit?

Wecker.
Telefon.
Sabrina?

Endzeitzauber.
Ausgezaubert.

Auf in die Zukunft.
Ab ins Galgentobel. Im Osten der Stadt.
Die Galgenvögel treffen.
Subito!

Mitspielerinnen und Mitspinner.

Bertold Häfeli, Oberleutnant, Kommissar Stadtpolizei Sankt Gallen.

Max Kraienbühl, Adjutant, Kommissar-Stellvertreter, auch Chraie genannt, geschieden, Tochter Laura.

Willfried-Roger Bischof-Staubler, Eventmanager.

Peter Bünzli, Chef Metzgerei Grell AG.

Fridolin Büttikofer, Adjunkt, Polizeisekretär.

Dorothea Engels, Sängerin und Sammlerin, Häfelis Nachbarin.

Patrice Federerova, Unternehmungen.

Leopold Federspiel, pensionierter Kantonsschulprofessor.

Rolf Fischli, Weiher- und Bächefreak, Bauverwaltung.

Berta Flammer, Archivarin.

Edmund Freiluft-Dieterle, auch *EFD* genannt, Polizeivorstand, Stadtrat.

Dr. Céline Fröhlich, Rechtsmedizinerin, Sohn Jerry.

Gallus, irischer Wandermönch und Sankt Galler Stadtgründer.

Sabrina Häfeli, Ehefrau des Kommissars mit Roberto und Patrizia.

Paul Huber, Hausgeist und Facility-Manager im Amtshaus.

Gottfried P. Hugelshofer, Bankier, Häfelis Nachbar.

Gertrude Hugelshofer, genannt Trudeli, Ehefrau eines Top-Bankers.

Pippa Johannson, Übersetzerin.

Jean Kummer, Student Wirtschaftswissenschaften.

Gabriela Kürsteiner, Studentin Heilpädagogik.

Anna Lebruellement, Mitarbeiterin Bischöfliche Kanzlei, verschollen.

Maria und ihre Kollegin, Raumpflegerinnen im Amtshaus.

Ueli Meisterhans-Abendruh, Stadtbaumeister.

Lena Rabenschwarz Bölsterli, Mitarbeiterin des Polizeivorstandes.

Kevin Twerenbold, Metzger, Grell AG.

Vadian, Joachim von Watt, Sankt Galler Reformator, Bürgermeister und Stadtarzt.

Dr. Franz-Josef Waldvogel, Präsident Voliere-Förderverein und Zahnarzt.

Wellenberg, Bestatter (hier ohne Vornamen).

Tom Wichtelmann, Adjutant, Chef Kriminaltechnik.

Charles Wildbolz, Chefmetzger in spe, Grell AG.

Und weitere Personen wie Johanna Fuchs, Beda Hausammann, Antonio und Eduardo Perez, Hexen und Hofnarren, die Psychologin Dr. Sarasin, Schwarze Äbte und Salzstreuer, Witzbolde und Trauergestalten, Wichte und Ratten, des Kommissars Katze, Gipsy, – und überraschende Post aus Buenos Aires.

Viel Spass!

Galgenvögel.

Mord in Sankt Gallen und andere Geschichten (2).

Galgenvögel treffen sich im 2. Band dieser Trilogie im Galgentobel, im Osten der Stadt Sankt Gallen, aber nicht nur dort, auch in der Altstadt. Gemütlich. Am Kinderfest, und an der OLMA sowieso. Das Kinderfest findet statt, obwohl heuer vier Jugendliche spurlos verschwunden sind, und nicht mehr auftauchen wollen, ihre Eltern wiedersehen schon gar nicht – bis sie in diesem endlos heissen Sommer in einem einsamen Hexenhäuschen am Bahngeleise nach Rorschach eine Leiche entdecken. Vermodert. Übrig bleibt ein goldiger Siegelring mit einem Löwenkopf.

Irgendwo hatte Kommissar Bert Häfeli einen solchen Ring gesehen – doch wo nur? Die Polizei ermittelt in alle Richtungen, auch in der Voliere im Stadtpark, nachdem dort im stark überbevölkerten Entenweiher auch noch eine halbnackte Leiche auftaucht. Die Enten nehmen's gelassen. Nicht so der Polizeivorstand, von der Hitze und der vermeintlichen Erfolglosigkeit seiner Kommissare arg gestresst. Mord, Unfall oder Selbstmord? Seltsame Spuren am Körper des Toten und ein Schwanentorso lassen verschiedene Schlussfolgerungen zu. Mysteriös. Der Schwanenhals taucht später überraschend auf dem Tisch des Stadtpräsidenten auf: Es ist angerichtet.

Mord in Sankt Gallen und andere Geschichten. Der 2. Band.

Verwunschen. Verrückt. Verspielt.

Elektrisierend. Erotisch.

Die Sankt Galler Galgenvögel sind im November 2020 erschienen.

Weitere Bücher von Théo Buff finden Sie unter www.theobuff.ch